丛书编委会

“十三五”国家重点出版物出版规划项目

“海上丝绸之路”可再生能源研究及大数据建设

海上丝绸之路

大数据指挥与控制

胡志强 著

電子工業出版社
Publishing House of Electronics Industry
北京•BEIJING

内 容 简 介

本书以海洋活动为背景，从理论基础、体系架构、技术应用等不同的角度将大数据理论和技术应用于海上指挥与控制领域，阐述了大数据时代海上指挥与控制的概念、内涵和本质，归纳了海洋大数据的特征及几种典型的指挥与控制行动，基于云计算和海洋大数据分析了针对联合作战指挥与控制的功能模型、体系架构、关键技术、活动内容、活动过程、指挥体制和控制机构，分析了基于大数据的海战场管理和火力控制问题，讲解了基于大数据的海上应急救援指挥与控制流程、指挥与控制系统组成，总结了大数据指挥与控制的发展趋势和发展对策。

本书内容丰富、题材新颖，具有较强的创新性，可供指挥与控制领域的专家、学者和科研人员，特别是与海洋活动指挥与控制相关的科研院所、部队、军事院校、海警院校研究参考。

图书在版编目（CIP）数据

海上丝绸之路大数据指挥与控制/胡志强著. —北京：电子工业出版社，2020.12
（“海上丝绸之路”可再生能源研究及大数据建设）
ISBN 978-7-121-40187-9

Ⅰ. ①海…　Ⅱ. ①胡…　Ⅲ. ①数据处理－应用－海上运输－交通运输管理－研究
Ⅳ. ①F550.72-39

中国版本图书馆 CIP 数据核字（2020）第 245109 号

责任编辑：张　楠
印　　刷：天津嘉恒印务有限公司
装　　订：天津嘉恒印务有限公司
出版发行：电子工业出版社
　　　　　北京市海淀区万寿路 173 信箱　邮编：100036
开　　本：720×1 000　1/16　印张：14.5　字数：209 千字
版　　次：2020 年 12 月第 1 版
印　　次：2020 年 12 月第 1 次印刷
定　　价：69.00 元

凡所购买电子工业出版社图书有缺损问题，请向购买书店调换。若书店售缺，请与本社发行部联系，联系及邮购电话：（010）88254888，88258888。

质量投诉请发邮件至 zlts@phei.com.cn，盗版侵权举报请发邮件至 dbqq@phei.com.cn。

本书咨询联系方式：（010）88254579。

作者简介

胡志强，中国船舶集团公司研究员、中国海洋学会高级会员、中国指挥与控制学会海上指挥控制专业委员会委员，先后从事舰船综合电子信息系统系泊与航行试验工作、海用指挥与控制系统及海上大数据指挥与控制理论研究工作，发表学术论文20余篇，出版专著3部，承担预研课题1项，获江南造船集团“专项工程奖”一项，立“三等功”一次。

前 言

海洋既是生命的摇篮，也是世界经济发展的摇篮。由于技术的进步、经济贸易的需求和地缘政治的竞争，海洋正在成为世界各国互相争夺、积极开拓的空间，也成为大数据激增的人类活动领域。

我国“海上丝绸之路”的建设和维护迫切需要海上基地、航运保护、应急救援、海上联合作战等方面的指挥与控制。这是一个包括复杂地缘政治关系、军事和非军事行动、高科技、系统体系对抗，以及气象、地理、水文知识等在内的人类组织活动。其核心是大数据指挥与控制。

目前，很多海洋大国正在不断加强对云计算、任务式指挥辅助决策和人工智能等重点领域的研究，围绕大数据进行作战指挥信息系统的建设，加快全域信息的利用和流转，构建“从数据到决策”的能力体系，发展以数据（认知）为中心的大数据指挥与控制系统。

大数据起源于商业、互联网和金融等领域。随着信息技术、物联网、移动终端、电子商务、虚拟社区等的不断发展及其向各领域的渗透，世界开启了数据急速增长的闸门。大数据技术以一种前所未有的方式，通过对海量数据进行分析，可获得有巨大价值的产品、服务或深刻的洞见。随着大数据技术的发展，数据像材料和能源一样成为一种战略资源，日益受到人们的广泛关注。如何利用大数据挖掘知识、促进创新、提升效益，使其为国防安全、政府管理、企业决策，乃至为个人生活服务，是世界各国追求的目标。例如，2012 年 3 月 29

日，美国白宫网站发布了《大数据研究与发展倡议》，并正式宣布成立大数据高级指导小组，标志着美国开始把应对大数据技术革命带来的机遇和挑战提高到了国家战略层面。随后，美国 6 个联邦部门和机构承诺投入超过 2 亿美元的资金，用于研发“从海量数据信息中获取知识所必需的工具和智能”。2012 年 5 月，我国组织召开了题为“大数据科学与工程——一门新兴交叉学科”的第 424 次香山科学会议。这是我国第一个以“大数据”为主题的重大科学工作会议。中国计算机学会、中国通信学会分别成立了“大数据专家委员会”，并于 2012 年年底在北京中关村成立了相应的大数据产业联盟。由此可以看出，发展大数据科学与技术已成为我国的重大战略规划之一。

近年来，大数据技术在商业、金融、社会管理、智慧城市、智能交通、疾病预防等领域得到了广泛应用，并取得了显著的成绩。在国防军事领域，自 20 世纪 50 年代美军成功研制 SAGE 半自动化防空指挥与控制系统以来，指挥与控制系统发展迅猛，从最初的 C^2 系统，逐步发展到 C^3 系统、C^3I 系统、C^4I 系统、C^4ISR 系统和 C^4KISR 系统，从最初的以指挥为中心发展到以通信和情报为中心、以一体化 C^4ISR 为中心，并于 20 世纪末开始在信息基础设施层面建立全球信息栅格（GIG），试图通过层次化和开放的面向服务的作战体系（SOCA）收集、处理、存储、分发各种情报、信息和数据，高效地向全球各地作战人员、决策人员和后勤保障人员提供情报、信息和数据，以夺取作战优势。在这一连串的嬗变过程中，传统的指挥与控制正在面临信息量增长、信息种类繁多、实时处理要求提高等重大挑战。

海洋事务的国际化和海洋活动固有的敏感性决定了在海洋活动的过程中，必须提升对国际形势、国内外政治、国内外经济、国内外文化和国内外舆论的广泛关注，必须维持国际组织、非政府组织、社会组织与军队之间的广泛交流和信息共享水平。大数据、云计算、人工智能等技术成为当前国家层面指挥与控制行动的关键。信息的处理速度、目标态势的获取程度、获取知识的能力、高层次的决策水平、快速响应的时间决定着各种海洋活动的成败。大数据在情报分析、行为认知处理、态势理解、目标识别与跟踪、任务规划、博弈推演等方面具有显著优势。大数据这一互联网领域的研究热点正在将触手延伸到海洋活动和安全军事领域。

当前，在经济、民生、国防等多领域的强烈需求下，大数据、云计算、人工智能等已成为科技研究的热点和重点领域，并和相关领域学科一道形成了一个不断繁荣生长的体系。大数据驱动知识学习、跨媒体协同处理、人机协作增强智能、群体集成智能、自主智能系统成为发展重点。毫无疑问，大数据在这个体系中发挥着核心作用。

本书以“三个世界”理论为基础，将情报、信息和数据从客观物质世界中独立出来，成为客观知识世界的组成部分。大数据不再属于客观物质世界，大数据一经产生，就属于客观知识世界，具有客观性、自主性和相对独立性。对指挥与控制而言，大数据不仅可以辅助指挥与决策，还是客观物质世界指挥与控制的主体，各类系统、平台和设备成为指挥与控制的执行者。在将大数据的认知提升到一个更高层次后，必将深化对大数据时代指挥与控制的认识。

本书从理论基础、体系架构、技术应用等不同的角度将大数据理论和技术应用于海上指挥与控制领域，阐述了大数据时代海上指挥与控制的概念、内涵和本质，归纳了海洋大数据的特征及几种典型的指挥与控制行动，基于云计算和海洋大数据提出了针对联合作战指挥与控制的功能模型、体系架构、关键技术、活动内容、活动过程、指挥体制、控制机构，分析了基于大数据的海战场管理和火力控制问题，讲述了基于大数据的海上应急救援内容和特点、指挥与控制流程、指挥与控制系统组成，总结了未来以数据为中心开展大数据指挥与控制的发展趋势和发展对策。

迄今，人类的认知和实践都可以归结为对数据的搜索、处理、挖掘和创新。计算资源的集中化和虚拟化、任务系统的服务化和智能化是各种应用系统的发展潮流。从软件即服务、平台即服务到基础设施即服务，大数据指挥与控制，特别是在移动、复杂对抗环境下的大数据指挥与控制的基础还比较薄弱。幸运的是，大数据指挥与控制是一个不断演化的体系。未来，我们还要通过不断构建大数据生态、创建基于社会–技术网络的新型系统能力架构，建立以数据（知识）驱动为核心，面向自然语言理解和图形图像识别的认知计算模型，解决不完全信息环境下的自主决策问题，进一步研究针对突发事件、时敏目标的大数据处理和分析技术，从而逐步完善大数据指挥与控制系统。

未来已来，我们拭目以待！

胡志强

2020 年 9 月

目录

第 1 章　海洋形势与海洋大数据 ………… 1

1.1　海洋形势 ………… 1

1.2　一般大数据特征 ………… 6

1.2.1　大数据的概念 ………… 6

1.2.2　大数据的内涵 ………… 7

1.2.3　大数据的特点 ………… 8

1.3　海洋大数据特征 ………… 10

1.4　海洋大数据类型 ………… 19

1.5　大数据在海洋活动中的作用 ………… 21

1.5.1　基础层面 ………… 23

1.5.2　战略层面 ………… 24

1.5.3　战役层面 ………… 25

1.5.4　管理层面 ………… 26

第 2 章　基于大数据的海上行动指挥与控制基本理论 ………… 27

2.1　海上行动的主要特点 ………… 28

2.2　基于大数据的海上行动指挥与控制内容 ………… 35

2.2.1　指挥与控制的概念演变 ………… 36

2.2.2　大数据指挥与控制的流程 ………… 44

2.3　基于大数据的海上行动指挥与控制组织分类和组织模式 ………… 48

2.3.1　组织分类 ………… 48

2.3.2　组织模式 ………… 54

2.4 基于大数据的海上行动指挥与控制网络 ······ 57
2.4.1 网络使能系统 ······ 57
2.4.2 核心子网 ······ 62
2.5 基于大数据的海上行动指挥与控制典型示例 ······ 62
2.5.1 防空反导作战的指挥与控制 ······ 63
2.5.2 封锁与反封锁作战的指挥与控制 ······ 66
2.5.3 登陆与反登陆作战的指挥与控制 ······ 68
2.5.4 反潜与驱潜行动的指挥与控制 ······ 71
2.5.5 护航与反海盗行动的指挥与控制 ······ 74
2.5.6 海上应急救援行动的指挥与控制 ······ 76
第 3 章 基于云计算和海洋大数据的联合作战指挥与控制 ······ 79
3.1 云计算 ······ 80
3.1.1 云计算概念 ······ 80
3.1.2 云计算模型 ······ 83
3.2 海洋大数据处理 ······ 85
3.2.1 海洋大数据的处理内容和处理要求 ······ 86
3.2.2 海洋大数据的处理方式 ······ 92
3.2.3 海洋大数据的分发方式 ······ 101
3.3 基于云计算和海洋大数据的联合作战指挥与控制功能模型 ······ 109
3.3.1 联合作战实体间的关系和互相作用 ······ 110
3.3.2 联合作战指挥与控制功能模型 ······ 111
3.4 基于云计算和海洋大数据的联合作战指挥与控制体系架构 ······ 115
3.4.1 指挥与控制体系逻辑结构 ······ 117
3.4.2 指挥与控制体系逻辑结构拓扑与应用 ······ 118
3.4.3 指挥与控制体系架构 ······ 121
3.5 基于云计算和海洋大数据的联合作战指挥与控制关键技术 ······ 126
3.5.1 大数据高速并行处理技术 ······ 126
3.5.2 大数据态势认知和综合深度推理技术 ······ 127
3.5.3 大数据智能决策分析技术 ······ 128

3.5.4 高速/大容量/自适应网络通信技术 …… 130
3.5.5 嵌入式/平行仿真与可视化技术 …… 130
3.5.6 实时大数据安全技术 …… 131
3.6 基于云计算和海洋大数据的联合作战指挥与控制活动内容 …… 131
3.7 基于云计算和海洋大数据的联合作战指挥与控制活动过程 …… 138
3.7.1 大数据收集 …… 138
3.7.2 大数据预测与决策 …… 139
3.7.3 大数据推演与评估 …… 140
3.7.4 人工计划 …… 140
3.7.5 协调与管理 …… 141
3.8 基于云计算和海洋大数据的指挥体制与控制机构 …… 141
3.8.1 以海洋大数据为中心的指挥体制 …… 142
3.8.2 以云计算为中心的控制机构 …… 146

第 4 章 基于大数据的海战场管理与火力控制 …… 149

4.1 作战时空 …… 149
4.1.1 作战时空的概念 …… 150
4.1.2 作战时空的一致性 …… 151
4.2 海战场空间管理 …… 153
4.2.1 海战场空间的组成 …… 154
4.2.2 海战场空间的态势控制 …… 156
4.2.3 海战场空间的态势控制方法 …… 162
4.3 海战场资源管理 …… 164
4.4 云火力控制 …… 167
4.4.1 云火力控制概念 …… 168
4.4.2 云火力控制系统 …… 170
4.4.3 云火力控制流程 …… 172
4.5 小数据精确火力打击 …… 180
4.6 战场评估 …… 183

第 5 章 基于大数据的海上应急救援指挥与控制 ······ 185
5.1 海上应急救援的内容和特点 ······ 186
5.1.1 海上应急救援的内容 ······ 186
5.1.2 海上应急救援的特点 ······ 189
5.2 海上应急救援的能力需求 ······ 191
5.3 海上应急救援的大数据保障 ······ 193
5.4 海上应急救援的指挥与控制机构 ······ 195
5.5 海上应急救援的指挥与控制流程 ······ 197
5.6 海上应急救援的指挥与控制网络 ······ 199
5.7 海上应急救援的指挥与控制系统组成 ······ 201
5.7.1 综合应用系统 ······ 202
5.7.2 基础支撑系统 ······ 202
5.7.3 应急救援指挥与控制场所系统 ······ 204
第 6 章 未来趋势和发展对策 ······ 206
6.1 未来趋势 ······ 207
6.2 发展对策 ······ 209
后记 ······ 213
参考文献 ······ 215

第 1 章 海洋形势与海洋大数据

进入 21 世纪以来，人类除了不断向太空、网络和信息空间拓展，还将海洋视为重要的发展领域。随着海洋技术的发展、海洋资源的新发现，以及海洋固有的国际战略价值和通道作用逐渐凸显，人类海洋活动的内容不断升级，范围不断扩展，呈现出广泛、多维、复杂、高科技的态势。

从海洋活动信息和数据的产生、堆积、处理、应用的角度看，水下、海上、空中、太空的情报、信息和数据正在以前所未有的速度快速增长，显示出海洋的大数据特征。大数据在各种海洋活动中发挥着越来越重要的作用。海洋领域的大数据时代已经到来。

1.1 海洋形势

在浩瀚的宇宙中，地球是无数天体中一颗特别的星球。山河湖海，水陆相生。大片的水体相互连通构成无垠的蓝色海洋，占据了这个星球 70.89%的表面积，包括太平洋、大西洋、印度洋和北冰洋。四大洋的边缘地区分布着大大小小 54 个海。有些属于海中之海，如地中海沿岸的许多海域。在面积最大的太平洋区域，由北向南依次为白令海、鄂霍次克海、日本海、渤海、黄海、东海、南中国海、苏禄海、珊瑚海等 28 个海。大陆和岛屿通过海峡、水道和海洋连为一体。

广袤的海洋与人类的生存发展息息相关。自古以来，海洋就有兴渔盐之利、通舟楫之便。1891 年，在印度尼西亚爪哇岛上发现的类人猿化石表明，人类在石器时代就已在海边活动。人类栖水而居，丰富的渔业水产和食用盐藻滋养着沿海的居民，沿海航运贸易促进了当地工商业的发展，逐渐形成集市和最早的濒海城镇。根据文字和史料记载，地中海东海岸的 Jericho 极可能是人类最早连续居住的濒海城市。随着航海技术的进步和社会的发展，人们开始从获取海洋资源升级为以海洋为载体，进行远距离航海、探险和贸易。唐宋时期，有阿拉伯商人远渡重洋进入我国的东南沿海地区从事商业活动。15～17 世纪，世界各地，特别是西欧掀起了一场声势浩大的远洋航海运动。以哥伦布为代表的航海家和探险家陆续开辟了从欧洲到北美、非洲，从红海、阿拉伯海，经孟加拉湾至中国南海的众多海上航线，史称“大航海时代”。大航海时代开启了全球海洋时代的新纪元。我国的海洋活动开始于商周时期，到了秦汉时期，海上丝绸之路基本成型。自古以来，海上贸易和海上航运一直以其独有的优势促进世界经济、文化和工商业的发展与繁荣。海洋不再是阻隔人类交往的障碍，而是一条将不同国家和地区连成一体的金光大道，从而迎来了人类海洋文明和海洋活动的巨变[1]。

以航运贸易为代表的人类海洋活动促进了世界经济和社会的繁荣，带来了巨大的财富，形成了众多的港口、滨海城市和沿海经济中心。目前，全球已有超过 60%的人口和几乎所有的经济贸易中心都位于濒海地区。世界海洋形势是随着人类对海洋资源的开发、海上贸易的发展和国家权益的不断扩张逐渐形成的。由于工业化社会的发展，以钢铁、石油、煤、天然气为代表的人类物质能源消耗急剧攀升，陆地资源日益匮乏。海洋除了具有丰富的渔业水产资源，还有其他极其丰富的资源可以开发利用。据不完全统计，海底油气资源占全球油气资源总量的 1/3 以上；各种海底多金属结核、多金属软泥、钴结核、锰结核等储量巨大。以海底多金属结核为例，有专家估计，其总量可达 3 万多亿吨，

1 刘一建. 制海权与海军战略[M]. 北京：国防大学出版社，2000.

其中含锰 4000 亿吨、镍 164 亿吨、铜 88 亿吨、钴 58 亿吨。与上述资源相比，海洋风能、潮汐能、温差能及其他可再生能源可供人类永久使用，并具有越来越重要的作用。

与此同时，海洋作为海上贸易的战略通道，以及国家或地区的战略纵深，在维护国家或地区的长远发展和战略安全方面处于不可替代的位置。因此，在海洋资源开发、地缘政治博弈、航运保护等方面，海洋形势呈现如下特点。

1. 人类开发、应用海洋的活动升级，内容扩大，程度加深

海洋既是生命的摇篮，又是世界经济发展的摇篮。海洋蕴藏着极其丰富的资源，是人类进一步发展的源泉。截至目前，人类已经发现的海洋生物约有 20 万种，科学家估计但尚未查明的深海物种大约还有 1000 万种；海洋中可供捕捞的生物资源每年有 2 亿多吨，海产动物蛋白超过陆地牛、羊、家禽和蛋类的总量；世界石油的 27%～45%储存在海洋中；海水本身也是巨大的液体矿，囊括 80 余种化学元素，其中仅食盐含量就达 4 亿亿吨；海洋的潮汐能、波浪能、温差能、海流能、盐差能等被称为 21 世纪的新能源，总蕴储量在 30 亿千瓦以上；海洋中的水资源更是人类水资源的最后保障[2]。随着海洋技术的发展和人类对海洋的不断认知，人类的海洋开发活动不断深入，范围不断扩大。从近海到远海、从浅海到深海，人类日益频繁地在全球海域从事各类海洋勘探、测绘、采掘、养殖等开发活动。凭借先进的卫星导航技术和日益发展的深海探测技术，人类已可在全球任一深度的海域从事各类海洋活动。人类的活动范围、内容和海洋的开发程度已经远远超越了大航海时代。海上航线遍布世界，包括大西洋航线、大西洋-印度洋航线、太平洋航线、太平洋-印度洋航线。在深海，继 1928 年世界上第一台深海探测装置诞生以来，美国、中国、日本、巴西、俄罗斯、英国、法国、德国等世界海洋大国在深海领域展开了激烈竞争。以美国的 Alvin 号和中国的“蛟龙”号深海探测器为例，目前人类的下潜深度已达

---

2 韩增林，张耀光，栾维新. 关于海洋经济地理学发展与展望[J]. 人文地理，2001（5）：89-92，96.

万米以下，可至全球99%的海底执行广泛的环境调查、资源勘探、样本和数据采集、抢险、救援、修理、摄影等作业任务。

随着海洋强国的发展战略定位，沿海大国纷纷将本国的发展目标瞄向了海洋，从原料资源的简单获取到对海洋资源的深度挖掘和加工利用，人类开发、应用海洋的活动内容不断扩展，程度不断加深。例如，各国开发海洋油气和矿产资源的活动风起云涌，在全世界所有发现可采油气和矿藏的海域，都开始有了人类活动。仅在西太平洋沿岸，就有日本、越南、中国、印度尼西亚、马来西亚、文莱等国家在进行不同深度的海底油气开采和矿藏勘探活动。据不完全统计，人类已在全球近海和深海开采了 1600 多个油气田。除了油气矿藏开采和传统的海洋捕捞、水产养殖，人类还对海洋资源实施深度开发和综合利用，即在全球海洋进行内容广泛的深海采掘、海水淡化、氘元素提取、海上放牧、海上城建、海洋观光、潮汐能发电、风力发电、海洋考古等活动。

为了进一步实现海洋经济目标和战略目标，沿海各国不断加强海洋研究、开发和执法的力度，建立自己的海洋开发和学术研究机构；建立海岸警卫队；在濒海修建、扩建港口，增建集市码头，扩建造船厂；吹沙填海，改造海岸线，扩大岛礁面积；开凿海峡、运河。

2. 海洋权益和领土争端趋于激化，地缘政治、军事复杂化

海洋是陆地的延伸，与国家的生存发展密切相关。随着人类认识和驾驭海洋的能力不断提高，一国/地区的海洋活动往往直接关系到其他相关国/地区的海洋权益、海洋发展战略，牵扯周边相关国家和地区的海权和安全，地缘政治、军事变得极为敏感，因而海洋成为各方关注的焦点。

3. 航运保护形势严峻

航运保护是为应对航运和经济贸易的风险而产生的。公元前 1000 多年，

东地中海区域就出现了以盗抢海上货物为生的海盗，后来又在西非海岸、索马里半岛海域、红海和亚丁湾海域，以及东南亚海域等许多地方出现。海盗源于社会经济问题，利益驱动及当地社会的衰败直接导致了海盗事件的发生。随着 20 世纪末全球经济的快速发展，海盗这种非法行为开始激增。在全球各大航线和海上交通要道——西非海岸、索马里半岛海域、连接苏伊士运河的红海和亚丁湾一带、孟加拉湾沿岸，以及马六甲海峡和整个东南亚海域，海盗活动猖獗。2004 年，索马里半岛海域仅发生一两起海盗事件，2005 年骤升为 37 起，2008 年则高达 120 起。2019 年，全球共发生针对船只的海盗和武装劫持事件多达 162 起。频繁的海盗事件对世界航运和经济贸易活动造成了严重影响，航运保护形势十分严峻。

同时，自 20 世纪 80 年代始，全球海洋恐怖主义开始蔓延。特别是“9 • 11”事件之后，恐怖主义在发动陆地、空中恐怖袭击的同时，又将目标瞄准了海上。他们使用暴力手段，以海上正常航行的船舶、海上钻井平台及海上作业人员等为攻击目标，实现特定的政治、经济目的。一旦恐怖分子在海上攻击交通运输线、袭击过往船舶、炸毁油轮、瘫痪港口，则将极大摧毁各国经济，影响全球的稳定。

此外，海上走私、海上贩毒及贩运人口、海上污染、海上有组织犯罪等也使得海上航运保护面临着重大挑战。

上述海洋形势显示，在 21 世纪，人类的海洋开发和利用活动的范围将会不断扩大、内容不断升级、程度不断加深；地缘政治趋于复杂化，相关国家对海洋权益和领土主权的争端趋于激化，海洋监视、海上巡航、海上军演、岛礁保护、海上护航、海上冲突、海上外交等活动不断；应急救援、航运保护形势严峻。

1.2 一般大数据特征

1.2.1 大数据的概念

世界的本质是数据。在自然界和人类社会，事物总处于不断地运动、变化之中，时时刻刻都在产生信息，以物理场、化学变化、机械运动等形式表现出来，并通过声、光、电、数字、符号、色彩、图像、视频等方式为外界所感知。大数据的概念是伴随着现代信息技术的推进，特别是互联网技术的迅速发展而提出的。

在农业社会和工业社会，由于人类活动有限——范围有限和程度有限，人类获取和产生的数据是相对有限和可控的，因此无论生产、生活，还是科研，其信息和数据没有广泛交融，相对处于孤岛状态。在20世纪70年代末世界范围的信息大爆炸之后，情况迅速发生变化。一股夹风带雨、汹涌澎湃的“大数据浪潮”以排山倒海之势汹涌而来。随着人类活动的广泛深入和高新技术的快速发展，天上卫星、地下轨道、海上舰船、海上油井、交通枢纽、水电站、发电厂、储物仓库、办公大楼……到处都有传感器的分布，手机、计算机、光驱、移动硬盘、互联网接踵而至，社交网络、电子商务、网络教育、虚拟社区如雨后春笋般不断涌现。海上、陆地、空中、太空中的信息像脱缰的野马迅猛来袭。随着越来越多的传感器、移动终端接入网络，开启了飞速增长的数据闸门。大数据“奔腾”在社会、政治、经济、军事、生活的各个领域。移动带宽不断提升，云计算、物联网包罗万象。这些反映自然界和人类各种活动的数据、信息、情报不断产生、出现，并通过互联网交织、汇聚、扩散，呈现出前所未有的弥漫、生长和浩瀚之势，以至于人们使用过去局域化的方法已无法对其进行处理。21世纪，纷繁复杂的大数据充斥着整个世界，反映并体现着这个世界的本质。毫无疑问，这是一个大数据的时代。

从天空到太空，从陆地到海洋，人们可以从物理、化学、生物等不同角度和方面收集这个世界的各种大数据。所获取的这些大数据最终要向一起汇聚，用于认识这个世界的各种现象和活动。对于这个新时代，有人漠视，有人则预感将要改变我们的生活、工作和思维：1980 年，世界著名未来学家阿尔文·托夫勒在其著作《第三次浪潮》中首次明确提出“大数据”一词，并将大数据讴歌为“第三次浪潮的华彩乐章”；20 世纪 90 年代初，“数据仓库之父”Bill Inmon 津津乐道于大数据的概念；2005 年，《无所不包括的数据》一书出版，该书讲述了大数据会如何改变企业的发展和人们的生活；2010 年，“163 大数据”正式成为互联网 IT 行业的流行词汇，至此，大数据的概念基本成型；2011 年，全球著名咨询公司麦肯锡全球研究院发布了题为《大数据：下一个创新、竞争和生产力的前沿》的研究报告，正式宣布大数据时代已经到来，指出当前大数据的规模及其存储容量正在迅速增长，并已渗透到全球各个行业的业务领域。

1.2.2 大数据的内涵

古希腊哲学家毕达哥拉斯认为，数是万物的本原。数据的含义是“已知”，可以理解为事实，表示对某种事物或现象的客观描述。大数据，英文为 Big Data，从字面上看，大数据虽然表示数量巨大的数据或海量的数据，但实际上，大数据是一个较为抽象的概念，数量巨大仅是大数据特征的一个方面。维基百科对大数据的定义是所涉及的数据量规模巨大到无法通过惯有的人工和技术，在合理时间内完成截取、管理、处理，并整理成为人类所能解读的信息。大数据的本质不在于数量巨大，而在于其隐含着这个世界体系、组织、运动和状态等所有层面的信息，提供了理解、发现和洞见这个世界的一种方式。大数据本身既不是科学，也不是技术，而是信息时代的一种客观存在。其战略意义不在于掌握多么庞大的数据，而在于通过对大量数据进行专业化存储、处理来挖掘、提取所需要的知识和信息，发现更高层次的规律，深化对这个世界的认知。换言之，如果把大数据比作一种产业，那么这种产业能否赢利的关键在于提高对数据多维度、多角度的分析加工能力，即通过分析加工、应用来实现数据的“价值”和“增值”[3]。大数据不仅包括大量的数据，还包括处理数据的速度和质量。著名的大数据研究机构 Gartner 将大数据定义为需要新处理模式才能令其具有更强的决策力、洞察力、流程优化能力的海量、高增长率和多样化的信息资产。

从技术角度看，大数据关注“数据”，即着眼于业务和功能，需要采用不同于传统的特殊技术来有效处理大量的数据。这些特殊技术包括大规模并行处理技术、分布式文件系统、分布式数据库、云计算平台、移动互联网和可扩展存储系统等。

大数据的绝大部分价值都隐藏在表面之下[4]，而挖掘数据价值、征服“数据海洋”的新型工具就是云计算。云计算的特点在于依托并行网络化计算、分布式数据库、云存储、虚拟化技术等对海量数据进行分布式数据挖掘。其关键技术中的海量数据存储技术、海量数据管理技术、MapReduce 编程模型等都是大数据技术的基础。

1.2.3 大数据的特点

大数据是具有多元、多角度价值，不能用过去局域化的方法提取、存储、

3 A. Labrinidis，H. V. Jagadish. Challenges and Opportunities with Big Data[J]. Proceedings of the VLDB Endowment，2012，5(12).

4 “大数据的真实价值就像漂浮在海洋中的冰山，第一眼只能看到冰山的一角，绝大部分都隐藏在表面之下。”[英]Viktor Mayer-Schönberger 说。

搜索、共享、分析、处理的海量复杂数据的集合，具有整体性、全息性、关联性和动态性。通常用 4 个“V”来概括大数据的特点。

1．规模巨大（Volume）

大数据显现出来的直接特点就是数据量大。大数据是全域的、混杂的全体数据，以规模取胜。这一特征至少有两个方面的含义：一是数据量大，例如，2007 年全球数字内容总量高达 1610 亿 GB，尽管这种数据量规模是相对的，但对于某个领域而言，绝对是货真价实的大数据，在操作大数据时，直接处理的就是这种海量数据，而不是进行抽样分析；二是随着人类活动的广泛深入、高新技术的应用与快速发展，信息和数据随着时间的推移呈指数级增长，根据国际数据公司（IDC）预计，每年的数据内容都在以 50%以上的速度增长，不到两年就翻一番，数据规模不断被刷新。

目前，大数据的数据量级已从万亿字节（TB）发展至千万亿字节（PB），甚至十万亿亿字节（ZB）。

2．数据类型多样（Variable）

相较以文本为主的传统关系型数据，当前由自然和人类社会活动产生的数据，包括传感器信息、音频、视频、图片、可扩展标记语言、超文本标记语言、地理位置等半结构化和非结构化数据呈现爆发式增长。这些来源广泛、类型多样的半结构化、非结构化数据，以及结构化数据共同构成了大数据集合。大量多源异构的多媒体数据，特别是占据相对较大比重且呈现快速增长之势的非结构化多媒体数据大大增加了深度分析的复杂度，现有的数据库技术难以突破这一瓶颈。

3. 产生和流通速度极快（Velocity）

产生和流通速度极快是当前大数据的又一重要特点。区别于静态的数据仓库和缓速的数据挖掘，大数据往往为高速实时数据流。其大体量和爆炸式的增量数据流要求能够被快速、持续、及时地在线处理，并能够被快速存储，数据的产生、存储、处理、消费及呈现是快速、一体化的。

4. 价值多元、密度低（Value）

大数据是自然和人类活动的表征或体现。大数据的价值可以从多方面呈现。从不同的角度看，大数据具有不同的价值。总体而言，大数据是知识的宝藏。通过数据的交换、整合、聚类、分析，新的知识、新的规律将可能被发现，新的意义、新的价值将可能产生。对于具体的应用，大数据的价值密度与数据总量的大小成反比，表现出某种低密度性。例如，在一段 1h 的监控视频中，具有重大价值之处可能仅为 1～2s 的数据流。

1.3 海洋大数据特征

21 世纪既是太空、网络的世纪，也是海洋的世纪。随着现代高新技术的发展，特别是信息技术、感测技术和导航技术的发展，人类对海洋的认识从局部、概略、不精确，逐渐发展到全面、定量、精确。对海洋价值的再认识使得人类的海洋活动更加深入、多样、复杂。海洋大数据呈现出复杂、多维、时变、隐含等特征。

随着人类海洋活动的丰富和深入，海上、陆地、空中、太空的情报数据、传感器数据、全球定位和导航数据、人类活动数据、海洋环境数据、各种军事和非军事的指挥与控制数据呈爆炸式增长，网络数据、舆情/政情信息汹涌而来，显示出海洋大数据特征。同时，随着信息技术的发展，人类的各种海洋活动更多地以数据的形式反映出来，即人类海洋活动数据化，海洋日益数字化。

自古以来，人们认识、改造、利用世界均源于描述和精确刻画世界。从测量物体的线度到测量物体的体积、质量，从描述各种现象到描述事物的属性、特征和行为方式，人类对世界的数据化一直在进行之中。近年来，人类的海洋活动不仅空间不断扩大，而且内容不断拓展，从具体的海洋普查、深海探测、油矿开采到海上巡航、强制隔离、航运保护、武力展示、海上作战……人类的海洋活动遍及开发、应用海洋的各个方面。航运、养殖、观光、考古、资源勘探等各种海洋开发活动，以及应急救援、海上护航、海上作战等军事和非军事行动，将产生各种数据，包括时空环境数据，目标与状态变化数据，风、浪、雷电、大气波导、盐雾、潮汐、杂波、多路径效应等海洋环境特征数据和水文气象数据，兵力/兵器数据，作战平台数据，武器系统和设备状态数据，机场、港口、导弹阵地数据，补给物资数据，指挥与控制数据，弹道导弹攻击数据，火控与导引数据，电磁信号和辐射源数据，情报保障数据，等等。

当人类的海洋活动具有精确化、信息化、定量化的需求时，海洋活动就从重视数量、规模演变为多种力量联合行动和信息联合使用。海洋活动的数据化是充分运用各种感知、测量、描述方法与技术，并以图形、图像、视频、声音、语音、文字、符号等各种形式描述为与海洋活动相关的各类实体数据、行动要素的格式化/非格式化的数据，通过有线网络、无线网络、微波接力通信、数字光纤、对流层散射通信和卫星通信等手段传输数据，采用传感技术、通信技术、计算机技术对所有相关数据进行收集、处理、交换和使用，从而描绘一个与实际的海洋活动一致的画面。

随着信息技术的发展和人类对海洋认识的不断深入，无论海洋资源的开发和利用，还是海上航运、海洋执法、应急救援和海上作战，人类的海洋活动变得越来越数据化。人类海洋活动的数据化，其实质是追求各个环节的智能化，并在广域信息空间的链接下将这些环节有机地互联，从而实现一体化联动。例如，在未来多域体系的作战组织中，各种新型雷达、平台、通信和导航设备、电子对抗频谱、武器系统的控制指令及其他各种光电信息都将构成极为密集且复杂的信号环境，侦察、警戒、监视、跟踪及各种武器系统的制导、搜索、识别、跟踪、射控、各级/各类通信联络、战场管理、系统控制等均需要通过信息技术实现，只有在某个层面或标准上达到共享的态势及对上级和友邻意图的清楚了解，才能快速部署联合行动决策，最大限度地聚焦于广泛分布的兵力和火力，使各级/各类指挥与控制人员、行动人员、保障人员共享数据库，使其获得清晰、准确、适合、需要的海洋环境空间画面及实时的情报数据。在人类海洋活动数据化的过程中，大数据因其突出的作用而开始成为各种海洋活动的宝贵资源。

从物理层面来看，海洋活动的数据化还体现在各种现代化信息系统装备的运行和网络支撑上，如海上侦察系统、情报信息采集系统和天基情报侦察系统。在所有这些系统中，用于提供预警信息和定位数据的预警卫星、通信导航卫星和云计算设备是海洋活动数据化的关键。例如，在 2003 年的伊拉克战争中，美军的第四机械化步兵师的装甲车、士兵都带有数字化装备，士兵能随时将自身的数据传递给其他士兵和指挥系统，指挥人员也能在指挥所同步看到士兵的准确位置和战场时况。

相对于海洋活动的数据化，数字化海洋就是用二进制编码（0 或 1）表示海洋现象、海洋活动和海洋规律，即在技术上把模拟信号或模拟数据转换成用 0 和 1 表示的二进制编码。海洋是一个包括海岸、水体、海底、岛礁、海峡、水道，以及海面以上天空的泛实体空间，是一个多目标环境，存在各种自然物、人工建造物，数量众多、种类多样。从近海到远洋、从水上到水下、从低纬度到高纬度、从春季到冬季……空间跨度大、属性多样、环境复杂的各种要素丛生，主要包括海洋环境要素和相关实体运动要素两大类。

- 海洋环境要素包括两类：一类是海洋自然环境要素，包括幅员、水深、底质、海流、海水跃层、海岸地理、岛礁分布、海底地形等；另一类是人工环境要素，包括灯塔、航标、钻井平台、港口、沿海机场、观通站、海底电缆、声呐基阵等。
- 相关实体运动要素包括两类：一类是有形的运动实体，包括商用船舶、海军水面舰船、水下潜艇，以及其他各类水面和水下的航行物、海空两栖飞机、飞艇、鱼群等；另一类是各种无形的运动实体，包括声波、光波、电磁波、核辐射等。按照存在的状态，相关实体又可分为固定的实体和变化的实体、静止的实体和运动的实体。

相应的，从水下、海上、空中至太空，数字化海洋的信息主要包括：

- 海洋地理信息：例如，海域和海陆的界限、幅员、深度、海底地形及海洋底质等。
- 海洋物理要素信息：例如，海水的温度、盐度、密度场及声场的分布和变化，海洋重力场及磁力场的分布和变化，海上电磁场的环境和变化，海冰分布及冰情，等等。
- 海洋动力学要素信息：例如，流场、浪场、潮汐与潮流的变化，以及海洋内波的形成与传播情况等。
- 海洋气象要素信息：例如，风场、海面气温、海雾、海面能见度等。

现代信息技术的快速发展，特别是导航技术、海洋遥感技术、海洋探测和监视技术的发展，使数字化海洋成为可能。同时，为了更有效地进行海洋活动，更好地应用和利用海洋，人类也需要更全面、更准确、更深刻地了解海洋。例如，在海上应急救援行动中，准确掌握目标位置、所处环境和状态、危险程度、救援力量等信息是搜救能否做到及时、准确、可靠无误的关键。

数字化海洋实际上是海洋物理域内容的数字化和信息化。其本质是对海洋资源的数字化共享，从而实现信息处理、存储、分发、应用的标准化和智能化，以及人类对海洋及其环境的感知从以前的定性和笼统，逐渐过渡到定量和精确。目前，人类已广泛应用全球海洋观测系统进行立体检测，包括采用卫星遥感技术、浮标监测技术、走航拖曳式 XBT 技术、航空投放式 AXBT 技术、多普勒海流计技术、高频地波雷达技术、天波超视距雷达技术、水下 CTD 检测技术等高精尖技术，以及海洋水色扫描仪、多光谱扫描仪、合成孔径雷达、微波辐射计等高精度仪器进行海洋探测、检测、分析、测绘和记录。其中的统一时空坐标是数字化海洋的基础。1978 年，世界上第一种全球定位系统（GPS）成型，从 20 世纪 80 年代开始对民用开放[5]。由于全球定位系统及授时系统的发展，人们可利用各种传感器感知目标，从而对海洋中活动或不活动的物体、因素、条件、情况进行统一的时空定位，并对其状态进行检测和标定，对其特征进行描述和数字化编码，从而实现相关海域的精确控制与定量分析。例如：

- 将海域内的天空、海面、海中、海底、海岸、临海大陆架、岛礁等各种要素环境图像数字化。
- 将舰艇、空中飞行物、雷达、辐射的声/光/电信号等数字化。

可以预见，在不久的将来，包括人在内的海上各种装备、系统和平台都将进行数字化、矢量化处理。海洋活动将趋于数据化、透明化。

从海洋大数据的内容、来源、种类、属性看，海洋大数据具有以下突出特征。

1. 内容、来源多样

海洋大数据跨越自然界和人类海洋活动的各个领域、层次，主要包括：

5 除了美国的 GPS 系统外，还有欧洲的 Galileo 系统、俄罗斯的 GLONASS 系统，以及中国的“北斗”导航系统。

- 人类的海洋活动数据：例如，由航运、养殖、开采、勘探、旅游、考古等活动产生的数据。
- 由科研活动产生的数据：例如，由海洋科学试验、海洋科研论文、海洋学术报告等产生的数据。
- 由与海洋活动和海洋形势有关的社会、政治、经济、军事、外交等活动产生的数据：例如，由海洋外交、海上贸易、海事谈判、海上护航、军演、反恐、海上搜救、武力展示等活动产生的数据。
- 与海洋经济活动、非战争性军事行动和战争性军事行动相关的行业产生的数据：例如，在航道、港口、海关、渔政等地产生的数据，以及由造船业、钢铁业、仪器仪表制造业产生的数据。

值得一提的是，仿真等虚拟世界的发展，使得由各种“数据工厂”产生的数据也在大量增加。

2. 种类、属性、类型多样

- 从种类的角度看，海洋大数据既包括图像情报、雷达情报、声呐情报、光电情报、电子侦察情报、技侦情报、人工情报、公开情报等数据，又包括有关目标类型、属性、数量、状态等数据，还包括海洋环境、行动意图、行为规划、活动计划、活动方案、作战条令、指挥与控制指令等数据。
- 从属性的角度看，海洋大数据既包括系统、平台、人员、设备、网络、射频等数据，也包括地形、地貌、气象、水文、兵力调动、行动计划、火力跟踪等数据。
- 从类型的角度看，除了传统的文字、图表、数字等类型的格式化数据，海洋大数据越来越多的是以音频、视频、图片、可扩展标记语言、超文本标记语言、网络日志等形式出现的半结构化或非结构化数据。

3. 稳态和动态并存

从时间效应的角度看，海洋大数据有快速变化的、有缓慢变化的。从时间特征的角度看，海洋大数据有连续信息、断续信息、周期信息、非周期信息、时变信息、非时变信息等。大多数信息在不久之后消失，有些信息在消失后还会再次出现，并迅速变化。例如，随着战役的展开，通信信号和某些特定信息（关于敌情、目标、指挥与控制的信息）可能会在某个阶段呈现出爆发式增长的变化，出于保密性的需要，战场通信具有猝发性、跃变性，传递的信息往往是点状的、片段的。因此，海洋大数据具有稳态和动态并存的特征。

4. 基础性数据较多

人类的海洋活动往往与海洋环境、装备技术、经济活动、外交活动等密切相关。这就决定了在海洋大数据中的基础性数据较多。海洋大数据中的基础性数据包括地理数据、水声环境数据、气象水文数据、海洋设施数据、平台属性数据、装备数据、声/光/电数据、频谱数据、国内外的舆情数据及历史数据等。

5. 真假数据并存

由于海洋大数据是全局、全体的数据，因而数据是混杂的，即真数据、“带毛”的数据、噪声数据、死数据和假数据大量掺杂、并存。

全局、全体的数据是指全局的所有数据。由于技术原因或人为原因，因此从客观上讲总会缺失一些数据，特别是在作战环境中，作战双方总是尽可能地隐真示假，从而这就导致某些信息不完整或某些信息严重缺失。例如，某些作战平台采用“隐身”技术，将有关平台的信息（如运动信息、状态信息）隐藏起来，造成关于平台的位置信息、节点信息、通信参数信息等不完整或缺少必要的信息。此外，环境自身具有各种干扰，系统在环境中运行时难免会因受到环境干扰而产生大量的噪声数据。

所谓“带毛”的数据是指未经剪裁、修饰的原始数据。“带毛”是大数据的典型特征。这些数据不同于样本数据或抽样数据，利用“带毛”的数据可还原真实世界或反映世界的真实性。例如，水下波束域信息经声呐、目标检测、方位跟踪后形成的波束，往往具有不规则的特性，带有许多的“毛刺”。

信息间既可能是互补的、相互支持的，也可能是相互矛盾的、冲突的。例如：

- 严重失真或扭曲的信息：例如，对于一些不得不发出的信息进行加密、变形，使得即使信息被其他人截获也无法得知信息的真实内容，或者无法在短时间内获取信息的真实内容。
- 虚假信息：例如，有目的性地制造一些有关属性、通信、指挥与控制等方面的虚假信息，用于欺骗、引诱或迷惑对手，以达到某种战术/战略目的。
- 模糊、跳跃、不确定的信息：例如，信息关键项缺失或随时变化、不稳定，达不到想要的质量，以及声呐在对潜探测时可能出现极弱的模糊信号，或者在多目标的复杂环境下出现弱目标信号、时敏脉冲信号等。

6. 战略性信息数据与战术性信息数据并存

由于人类海洋活动本身既可能基于某种战略性的考虑，也可能出于战术性或技术性的考虑，因此在海洋大数据中，战略性信息数据和战术性信息数据往往是混合在一起的。

- 战略性信息数据：包括地缘政治信息、军事信息、国内外政情信息、国内外舆情信息等。例如，建设海上大型钻井平台、设置防空识别区、建设海上基地、开展海上联合演习、部署战略性导弹系统，以及航母、战略轰炸机的活动数据等。

- 战术性信息数据：包括某个既定海域的勘探、水面常规舰艇和潜艇活动等信息。

值得一提的是，水声环境数据、电子信息系统参数、电子对抗系统参数、通信信号的参数和密码等，通常具有战略性和战术性的双重属性。

7. 技术性显现

海洋大数据主要有人工获取和技术获取两大来源。人工获取是传统获取数据的手段。随着技术的不断发展，海洋大数据的收集、获取、存储、处理、利用显现出越来越高的技术性。

- 在空中和太空，各种气象卫星、海洋监测卫星、电子侦察飞机，每时每刻都在收集有关气压、温度、风向、海洋中活动与不活动的物体、射频电磁信号等的巨量数据，以便用于分析大气环流、天气变化、海洋状况、人工活动、电磁活动等。
- 在地面和海洋，各种监测站、侦察机、雷达声呐设备、电子侦察船、磁探仪等，可不断收集、获取陆地和海洋中的数据和信息。
- 在海面和水下，各种先进装备可通过声、光、电，以及生物、化学等手段，对海面上的目标、水下潜航的目标、水底的环境和目标，以及海洋周围的环境和目标等进行多方面的探测、侦察。

目前，各种海洋情报侦察系统可全面掌握海洋态势，为海洋活动的指挥与控制提供有力支撑。这种多样化、多类型的信息供给的直接结果是形成海洋指挥信息系统的大数据形态，包括卫星图像、电子信号、移动目标数据，以及通过互联网获取的各种信息等。

1.4 海洋大数据类型

数据是对自然界、人类活动现象、人类活动内容的表征和刻画。大数据可反映、体现这个世界的本质，即透过现象揭示事物的本质和规律，从而实施决策和管理。在海洋活动中，海洋大数据蕴含着航运、勘探、开发、研究、保护、执法、作战、护航、反恐、海上应急救援等多样化的使命、任务和活动信息，具有多层次、多方面的应用价值和开发价值。

海洋大数据的类型众多。例如：

- 从来源的角度区分，海洋大数据可分为人工数据、技术数据、传感器数据和网络数据等。
- 从时间的角度区分，海洋大数据可分为历史数据、实时数据等。
- 从属性的角度区分，海洋大数据可分为海洋环境数据、人工建造物数据、海上平台和人员活动数据、系统和装备运行数据、情报数据等。
- 从应用的角度区分，海洋大数据可分为一般关系型数据、特征型数据、精细数据、隐数据等。

下面主要从应用的角度介绍海洋大数据的类型。

1. 一般关系型数据

一般关系型数据又称背景数据，是涉及人类海洋活动的，以及有关海洋环境、海上贸易、海洋开发、海上作战、地缘政治关系等的关系型数据、信息和知识，例如：

- 相关海域的幅员、水深、地质、地貌、洋流、气候、潮汐、港口数量和岛礁分布等基础性数据。

- 周边国家、地区，以及相关国家的海洋运输能力、海上作战能力、战争潜力指数等战略情报、信息和知识数据。
- 相关海域的海上通道分布、油气矿产资源分布、国际往来船舶的频率和年度分布、海盗出没情况、海难情况等数据。
- 相关国家和地区的海洋战略信息、国际海洋法信息、海事组织发布的信息等数据。

2. 特征型数据

特征型数据可以是与某种事物或某些现象相关联的数据，也可以是与一般情况相区别、能够代表某个事物或系统的特征数据，包括目标形状、轨迹、速度、行为、内部特性，以及特定的声/光/电/红外辐射等数据。例如：

- 能够代表某个海域的特定地理条件和气象环境信息的数据，以及特定的海水跃层分布数据。
- 能够代表相关国家信息战能力的指数数据。
- 能够代表某个指挥信息系统和电子战系统的特征数据。
- 能够代表相关人员和平台的行为规律和偏好的特征数据。
- 能够代表某种武器系统的参数数据。
- 能够代表某类型船舶运输能力的参数数据。

3. 精细数据

精细数据又称细节数据。精细数据往往能够揭露事物的真相。例如，通过分析精细数据，可能会了解一次行动的规模和性质、推断出导弹发射的轨迹等。精细数据又可分为战略性精细数据和战术性精细数据。

- 战略性精细数据：例如，在一次海洋电子战活动中，出动的平台档次、不同类型的平台数量和比例、不同平台的活动频率等。

- 战术性精细数据：例如，某台发动机的振动频谱、通信信号的调制相位及其功率谱的细微特征、螺旋桨的叶片噪声等。

精细数据常常得不到重视，在分析、计算的过程中容易被过滤或被标准化，特别是“带毛”的精细数据。例如，在监测水下噪声时，声呐波束域的细节信息（如线谱的多普勒频移、连续谱的干涉结构、调制谱轴频等）容易被忽略。

4. 隐数据

隐数据包括加密数据、变身数据和隐含数据，既存在于冷冰冰的各种系统和装备中，也存在于我们的日常生活中，大多为隐藏的关键信息。例如，秘密设置的各种参数和密码、潜在规则、应答暗语、特定语言和手势、匹配关系等，如同白昼中的隐形人一般。

此外，某种似乎表面上与海洋无关，实际上通过大数据挖掘可知其与人类的海洋活动存在某种关联的数据也属于隐数据。例如，某类股票的波动、交通流量的变化、部分群体的行为变化等数据。

1.5 大数据在海洋活动中的作用

在现实生活中，无论做任何事情、执行任何活动，都会留下记录或痕迹，产生某种影响。例如，飞机飞过后留下的痕迹、机器转动发出的信号、工程设计的图纸、通话记录、微信留言信息、购物记录、由定位软件生成的位置信息……由于大数据可刻画、反映这个世界的本质，因此，若能将大数据“照进现实”，则可为我们的生活服务。例如，美国麻省理工学院利用手机的定位数据和交通数据进行城市规划；美国梅西百货通过购物单分析顾客的购买行为，部署更好的营销策略；美国海豹突击队应用大数据关联分析发现了藏匿十年之久的本·拉登。

海洋大数据可实时反映海洋环境、海上活动状况，是人类开展各类海洋活动的前提和依据。在海洋勘探、海洋开发、航运、海上救援、海上执法及海上作战等活动中，大数据具有多方面的作用。只要存在相关关系的数据，即便没有先验模型和逻辑假设，通过进行大数据分析也能发现先验模型和逻辑假设不能发现的新模式、新知识和新规律。例如，在海洋活动中，通过提供环境态势信息、博弈决策，可有助于破解战场迷雾，提升行动效能。

通过进行大数据分析，可令数据背后的规律、特征和联系显现出来，包括宏观趋势、细节特征、关键节点、潜在联系等，是科学统筹资源、开展活动和实施战术的依据，有利于发现潜在的、有价值的信息，得到更高层次的见解。例如，美国的雷神公司通过对某海域近十年记录的态势数据进行分析、对比发现，如果某国潜艇出现在某海域，则其反潜巡逻机就不在某海域活动的规律，并据此规律多次侦察出某国潜艇。

由于人类的海洋活动常常是有目的的，存在一定的因果关系。因此，融合因果关系的大数据分析，既是深化指挥与控制、提升分析能力的精髓，也是提升核心能力的要素。

在不同层面的海洋活动中，对大数据的需求与效应是不同的，如表 1.1 所示。

表 1.1　不同层面的海洋活动对大数据的需求与效应

层面	环境效应	信息需求粒度	时间尺度	空间尺度
战略	全局整体状况	全局态势	几周～几个月	100～1000km
		战略性事件与战略目标活动状态		
		季节性海洋		
		全局背景场		

（续表）

层面	环境效应	信息需求粒度	时间尺度	空间尺度
战役	关键时机与海区	战区态势	24～76h	10～100km
		关键目标活动状态		
		中尺度海洋水文、气象状况及变化		
战术	安全与效能	战术态势	0～12h	1～10km
		任务目标活动状态		
		小尺度海洋水文、气象状况及变化		
装备或系统	使用效能	战术态势	0～12h	1～10km
		任务目标活动状态		
		与装备或系统使用相关的要素		

海洋大数据通过统计性的搜索、比较、聚类、分类、关联等操作进行分析、综合、归纳，在基础层面、战略层面、战役层面、管理层面具有多方面的作用。

1.5.1 基础层面

在基础层面，可通过获取海洋大数据建立海洋数据库，为海洋活动提供全面、客观、准确的数据和情报支持，评估相关海域、航道与海洋活动的关系，并进行相关预报。

在基础层面，通过分析大数据，可掌握以下信息。

- 全面了解相关海域的海洋环境情况、周边环境情况、海洋资源情况、普通人无法得知的细节情况、暂时存在的情况，进行海洋物理、化学、地理方面的分析与评估，包括某个海域的特殊水文和气象、特定的海水跃层、海底的特殊情况、声波传播特性、在某段时间内暂时存在的异常现象等。
- 详细掌握相关国家和地区的海洋地理环境、岛礁分布、航道、海峡、水道、人工建造设施、人文风俗等情况，以及气象、水文的实时状况。

- 掌握所在海域的电磁环境、海面电磁波和海洋磁场的变化情况，水下声场的变化情况，以及核生化、核辐射等情况。
- 实时掌握相关海域的活动情况，包括各大航线的民用和商用船舶的活动情况，相关港口、机场的日常动态，海军（包括海岸警卫队）舰船、飞机集结的活动情况，敌方作战人员、系统、平台、武器、后勤的部署情况及相关人员的活动情况，敌方作战人员的行为特点、活动规律及敌方指挥人员的性格特点等，敌我双方的重要能源、物资流转关系及节点分布情况。
- 掌握目前及潜在对手的战争潜力、综合国力和后勤准备情况。

1.5.2 战略层面

数据可反映世界的本来面目，是一切战略规划和行动决策的依据。在战略层面，通过分析大数据，可掌握以下信息。

- 掌握相关国家和地区的海洋定位及海洋发展战略。
- 掌握相关国家和地区的海洋战略方针、战略措施、战略意图、海洋活动的指导思想、重大部署，以及最近可能采取的行动等。
- 掌握相关国家和地区的政治、经济发展形势。
- 基于外交、互联网和社会舆情大数据，了解社会大众对海洋权益的意识，以及对相关海洋主权争端的态度和心理预期。
- 了解目前及潜在对手的政治、经济、军事与外交活动，例如，重大的海洋经济开发活动、海洋外交活动、防空识别区行动、军事演习活动等。

- 实时掌握目前或潜在对手的战略性武器研发进展、部署情况、活动情况。

1.5.3　战役层面

在采取海洋活动之前，需要进行系统组织和针对性策划。在战役层面，大数据的作用是通过具体行动实现的。例如，在搜索救援、护航反潜、远征濒海作战等行动中，围绕影响海上行动战斗力的三要素（人、体系装备、战场环境）进行大数据的收集与分析、战场态势的智能感知与认识，可及时获取以下信息：

- 优势情报、机会情报和新（发现）情报。
- 攻防对抗情报、决策情报。
- 网络-电子战情报、电子对抗情报。
- 评估情报。
- 隐数据。

在战役层面，应用大数据的主要目的包括如下几个方面。

1. 综合识别

通过大数据对海上目标属性、类型、类别等进行综合识别，可发现海上和水下目标、快速机动目标、隐身目标、时间敏感目标，以及其他特殊目标，如核潜艇和特战人员等。

2. 定位与跟踪

通过大数据分析可对目标进行定位和跟踪，掌握重要的海上平台、水下平台、陆地平台和太空平台的活动情况，以及目标当前所在的准确位置。

3. 作战指挥与决策

通过大数据分析可进行战场态势感知：得到敌我双方的战场态势及变化情况；揭示在相关海域，敌我双方的海洋活动准备、部署情况，以及交战、对抗情况，并进行兵力组织和资源分配；模拟、细分战场，对作战模式进行创新；掌握敌方的战术意图，预测敌方可能采取的行动；进行博弈推演、战法设计、作战筹划、任务规划；深化各行动单元的连接内容和层次，提升指挥决策的质量和水平、缩短指挥与控制的周期；掌握我方的准确需求，提供及时、准确的服务。

4. 战术评估

通过大数据分析、平行仿真推演或线下计算，可对战术进行评估，如评估某一行动的后果和效果等。

1.5.4 管理层面

管理是在战略规划、战术行动的同时或之后进行的组织、协调活动。通过大数据分析，可纠正错误信息、强化目标指向、进行反馈控制等。在管理层面，通过大数据分析可进行资源调配、兵力协调、时空协同、后勤保障等在内的战场资源管理和时空管理，不断优化，提高系统的运行效率和效能。

第 2 章

基于大数据的海上行动指挥与控制基本理论

海洋活动是对人类在海洋中所有活动的总称，包括海洋经济活动、非战争性军事行动和战争性军事行动。其中，非战争性军事行动和战争性军事行动又可统称为海上行动。海洋经济活动主要是与经济、贸易有关的人类活动。非战争性军事行动主要是指不涉及战争的各种行动，包括海洋监视、海洋执法、反恐护航、海上救援、国际维和等。战争性军事行动是国家意志和地缘政治发展到最后，不得不动用战争来解决问题的一种行动。

所有这些活动都包含一个最基本的要素，即对海洋的管理和利用、对人类行为的指挥与控制。随着技术的快速发展，海上行动的指挥与控制内容、形式不断地发生演化。

- 在农业社会和工业社会前期，仅能依靠有限的情报、信息和数据在某个海域的局部进行海上行动的指挥与控制。
- 20 世纪 70 年代至 20 世纪 90 年代，由于信息技术和网络技术的发展，海上行动的指挥与控制主要采用信息化、网络化的方式和手段，网络能力成为决定性能力，制信息权的重要性与日俱增，信息成为指挥与控制的主导。指挥与控制行动可在全球海域展开。
- 进入 21 世纪后，以信息技术为代表的高新技术以前所未有的广度和深度渗入各个领域。一个与物质世界平行的数字世界开始逐渐形成并发展壮大，并产生了空前的影响和作用。指挥与控制的主体、内容逐步转向数据和知识，由需求拉动转向由智能认知驱动，由过去的“时间协同-多种力量配合”向“全域融合-跨域攻防”的一体化（海洋/陆地/空中/太空）行动转变，由基于消耗向基于多维效果转变。

本章根据海洋大数据的特征，研究基于大数据的海上行动指挥与控制的内容、组织分类、组织模式，并阐述几种典型的通过海洋大数据进行指挥与控制的海上行动。

2.1 海上行动的主要特点

大数据时代是社会环境、技术环境、国际地缘政治、使命和任务快速变化的后信息时代。随着全球海洋经济活动的日益增多，海洋权益的争夺愈演愈烈，国际地缘政治关系日趋复杂，海上行动逐渐体现出以下特点。

1. 任务多样化

海洋活动主要包括海洋经济活动、非战争性军事行动和战争性军事行动。

- 海洋经济活动主要包括海洋勘探、开采、养殖、航运、考古、旅游等与人类社会经济发展及民生相关的海洋活动。根据《联合国海洋法公约》，一个国家或地区的海洋经济活动应限定在该国家或该地区的领海、大陆架、毗连区和海洋专属经济区内，航运可在国际水道、他国海域毗连区、专属经济区中无害通过。
- 非战争性军事行动主要包括一个国家或地区对相关海域的情报收集、警戒、监视、巡航和海洋执法等活动，是该国家或该地区对其所有海洋权益的一种管理和关注，由该国家或该地区的相关职能部门承担，在大多数情况下由海警（海岸警卫队）承担。

- 战争性军事行动是一个国家或地区海洋活动的最高级别和最激烈的形式，其承担的任务既有传统的军事作战任务，又有维和、反恐、打击海盗等非传统的军事作战任务。

海上行动（包括非战争性军事行动和战争性军事行动）往往具有政治、经济、军事、外交、文化等方面的多元性。在核威胁的背景下，海上行动将以非战争性军事行动为常态、以战争性军事行动为后盾，其使命从单纯的争夺制海权发展到维护国家海权、维护世界和平[1]。在和平时期，海上行动主要体现为海上巡航、护航、维和执法、防灾和海上应急救援等；在冲突时期，海上行动主要体现为武力展示、维权和事态控制等；在战争时期，海上行动主要体现为对岸攻击、对海攻击、防空、反潜、封锁等。

由此可知，大数据时代的海上行动承担着海洋开发、航运保护、应急救援、维和执法、武力展示、作战等多样化任务。

2. 大洋控制与沿海区域控制融为一体

由于动力技术、通信技术的进步，人类的海洋活动范围已从 19 世纪的沿海近岸、毗邻的大陆和岛屿一直延伸到中远海、远洋。目前，人类的海洋活动已遍布全球。

以海上行动为例，其活动范围从传统的陆地、海洋、空中等有限空间拓展到几乎所有时空。

- 以卫星和预警机为代表的空中预警、指挥与控制系统的监控范围已从近地几十千米的低空海面拓展到临近空间，甚至其上的太空[2]。

---

1 鞠海龙. 中国海权战略[M]. 北京：时事出版社，2010.

2 一般情况下，把从海平面到离海平面 20km 以下的空间称为大气层空间；把海平面以上 20～100km 的空间称为临近空间；把海平面 100km 以上的空间称为太空。

- 水下声呐阵列可探测海洋数百海里范围内的目标。
- 超音速飞机的作战半径已延伸到数千千米。
- 舰载巡航导弹可轻松打击千里之遥的目标。
- 核动力航母能够不间断地航行数十万海里，到达世界的每一个角落。
- 现代潜艇可深入水下几百米甚至千米。

由此可知，海上行动范围已从近海控制发展到大洋控制，从近海防御发展到中远海作战。从由陆向海到由海向陆，大洋控制与沿海区域控制逐渐融为一体。

3. 地缘政治复杂

由于各种海洋经济活动和海上行动往往直接关系到一个国家的海洋权益、海洋发展战略，涉及周边国家的海洋权益、地区安全，因此地缘政治复杂。近年来，世界政治、经济在多年的开放、融合后再起变化，政治、经济、军事、安全等问题让国家间的竞争与合作关系日趋紧张。不同国家和地区的利益诉求不同，世界地缘政治关系产生了新的变化。

4. 整体关联性和体系对抗性

海上行动涉及各方利益，具有政治、经济、军事、外交等的整体关联性。海上行动是在多维空间开展的立体化行动，例如，海洋开发、海上巡航、应急救援等需要国内外各方力量的互相协作与配合。

在采取海上行动的过程中，“冲突的触角”早已延伸到电磁空间、网络空间、信息空间和心理空间，尤其需要优先夺取制信息权和电磁权。海上行动的目标不仅来自水面、水下，还有很多来自空中、太空、陆地。海上行动涉及的因素不仅种类多、范围广，而且彼此联动、并行。

海上行动的作战画面是破碎的、弯曲的、不连续的、迅速变化的，其战场态势呈现出高度的非线性和不确定性。各种冲突没有时间、地点、规模、方式、手段和强度的预兆。海上行动的活动范围是立体交叉的，即在太空、空中、水面、水下、陆地等范围多元展开，呈现出明显的体系对抗性。例如：

- 卫星、空间飞行器和对空导弹掌握着制空权。
- 通过联合舰舰导弹、空舰导弹和岸基导弹夺取制海权。
- 通过电子对抗、信息对抗等方式，夺取制电磁权、制信息权。

5．高技术性

在进行海上行动时，因海洋环境复杂、对相关条件的变化敏感、态势瞬息万变等原因，使得海上行动呈现出高技术性的特点。例如：

- 在海上护航、海洋执法、应急救援的过程中，由于作战力量分散、流动性大，因此需要应用先进的通信系统快速处理、分发各种信息。
- 在全球航行的过程中，需要应用先进的导航定位系统。
- 在海上联合作战的过程中，需要应用先进的情报侦察系统、监视系统，以及作战指挥系统、武器平台、信息处理与分发平台等。
- 在海洋勘探的过程中，特别是在深海勘探或在复杂海况条件下的勘探，需要应用先进的勘探技术。

可见，海上行动是高技术性的活动，具体包括如下方面。

（1）通信技术和导航技术

通信技术、导航技术是海上行动的基础。

- 通信技术从旗语、语音通信逐步进化为无线电通信、微波通信、卫星通信等先进技术。例如，在对潜通信方面，研发了长波通信、蓝绿激光通信等系统设备，以及正在研究的基于量子纠缠态，不受水介质影响的远距离、大容量、保密性强的量子通信技术。

- 导航技术从利用地磁导航、无线电导航开始，逐渐进化为在各种平台、航行器和空中飞行器内广泛应用的精度高、稳定性强的“惯性导航技术+地形匹配导航技术”。该技术不仅能以极高的精度提供位置、速度信息，还能准确提供航向、姿态和时间等信息。

20 世纪 70 年代，随着空间技术的快速发展，美国开发出了全球定位系统（GPS）。它在军事和民用领域均得到了广泛应用。之后，欧盟、俄罗斯、中国等相继研发了各自的全球卫星导航系统。目前，各种通信技术、导航技术在装备和系统中互相集成，以便提供导航、定位、数据分发等多种高精尖功能，具有用户按需接入，不随时间、地点、高度和载体动态变化，在各种干扰和复杂环境下稳定工作的能力。

（2）情报获取、侦察、监视

海上行动的高技术性不仅体现在通信、导航领域，还体现在情报获取、侦察、监视等领域。

在海上行动中，各国广泛采用雷达技术、信号情报侦察技术、光电侦察技术、遥感技术、声学技术等来搜集、获取图像情报数据、信号情报数据、测量与特征情报数据，以便执行海洋监控、目标监控、电磁频谱监控、战场侦察、目标搜索、导弹预警、核爆探测等任务。

为了能在各种复杂海况和气象条件下执行海上行动，特别是在复杂电磁对抗环境下实施海上联合作战，各国广泛应用高科技方法和手段研发具有反隐蔽、反欺骗、反隐身和抗干扰的雷达，以及信号情报侦察装备、光电侦察装备、水声探测装备等。

（3）高科技平台和高性能装备

在海上行动中，各种高科技平台和高性能装备得到了广泛使用，包括：

- 高科技平台：包括水下、海上、空中的各种机动、高速、隐身作战平台，以及高技术集成应用平台等。
- 高性能装备：包括智能化探测装备、自动化控制装备、信息化装备等。例如，水下不依赖空气推进的动力装置、水下无人潜航器、深海探测器；隐身驱逐舰、具有多种功能的海洋测量船、设备先进的海上医院船；具有强大空中感知能力的隐形战斗机、智能化的无人机、可在陆地或水面起降的水陆两栖飞机等；各种成像卫星、海洋监视卫星、预警卫星、深空探测器等广泛应用于海洋监视、海洋普查和海洋勘探等领域的装备。

例如，通过应用燃气轮机技术、柴电混合动力技术、核动力技术，使得海上行动的速度大幅度提高，普遍达到了 30～50Kn（Kn 是海上舰船运动的速度单位，1Kn=1n mile/h，1 n mile≈1.852km）以上的机动速度；导弹和现代战机的速度早已超过音速，并不断刷新超音速纪录，新一代空天飞机，如 X-37B 轨道测试飞行器的穿行速度可达数十倍音速；兵力、兵器的投送能力和海上应急救援能力的大幅度提高，使得作战效能大幅提升；装备信息化、指挥自动化、运行智能化，显著增强了作战人员应对复杂环境和特种环境的能力；各种远程精确打击武器（包括反舰导弹、对陆巡航导弹、弹道导弹、反辐射导弹）具有强大的杀伤力，火力反应速度和打击效率得到明显提升，打击时间明显缩短（目前，先进的导弹武器系统从接收目标指示开始到命中目标的时间以秒计，打击效率倍增）；各种武器系统的火力打击高度自动化，如 PHALANX 近程防御武器系统从发现目标到预调弦几乎一步到位，射速高达每秒 5000 发以上。

（4）分布式云计算、网络化行动

在执行海上行动时，需要获取的信息很多：近距离指挥和远距离指挥互相交替；海上对抗激烈，进攻和防御一体化，作战模式转换频繁，火力的快速集中和纵深打击一体化；战场态势复杂多变，不确定性较强。

随着新型集中式、网络化、云计算模式的提出，海上行动的情报信息处理加速向云作战模式转化，从而向用户提供高速、及时、按需、动态、广域、可伸缩的数据应用和服务。

网络技术、通信技术的进步，不仅打破了闭塞，加强了实体之间的联系，而且高速网络使得一切联系变得实时化。指挥与控制从线性、递阶方式转向分布、扁平方式，作战行动从以平台为中心作战转向以网络为中心作战，即“感知（Perception）、认知（Cognition）、协同（Synergetic）、评估（Evaluation）”一体化[3]。

不断提高的战场可视性和信息共享性，使得指挥与控制的行动速度和反应速度空前提高。例如，美国的 E-8 侦察机或“捕食者”无人机，在空中发现目标的同时就能将图像传送到千里之外的美国空军情报处理中心，从发现目标到呼唤远程火力打击仅需几分钟，作战节奏极快，目标常常在没有或无法做出有效反应时就被突然而至的弹药“秒杀”。

6．新的作战样式和作战手段

自 20 世纪 70 年代以来，随着舰载超音速战斗机、精确制导弹药、相控阵雷达等高科技平台和武器装备的问世，以及卫星导航、通信网络、电子对抗等技术的发展，使得海上行动的突然性、破坏性、激烈程度大大增加，作战形态、作战模式、作战方法和作战手段等发生了重大变化。

例如，传统的空袭与反空袭、封锁与反封锁、濒海防御与远洋进攻、联合登陆与反登陆等作战样式呈现出新的变化；指挥与控制战、非线性作战、非接触作战等战法层出不穷；无人机蜂群作战、超视距精确打击作战、通信电子战、网络战等日益增加；信息火力战、隐蔽作战和游击战等呈现出新的特点；“超

3 简称 PCSE 环，源于美国空军上校 John R. Boyd 根据空战经验于 1987 年提出的 OODA 模型。

限战”为不对称作战方式，采用非传统作战手段，开拓了新的作战领域；远程预警、精确制导、网络瞄准、电子对抗的作用尤为明显；网络中的木马、节点获取、欺诈、敌后侦察与诱骗等手段交互运用。

随着新技术和新手段的广泛应用（例如，精确制导武器、信息化作战平台、隐身平台、无人驾驶平台），激光等新概念武器的不断研制，使得新的作战方法和对抗手段层出不穷。

7．支援、保障复杂性

由于海上联合作战的环境严酷，技术性强，所需的支援、保障是持久而艰巨的，特别是中远海和远洋行动所需的各种资源繁杂，支援与保障的类型多样，既有海上保障、空中保障，又有陆地保障，既需要物质保障，又需要信息保障，既有现场支援，又有后勤维护……这对支援、保障的实时性、精确性和综合性提出了更高的要求，需要不断维持保障行动和作战体系的完整性，以便确保行动具有可持续性。

2.2　基于大数据的海上行动指挥与控制内容

指挥与控制广泛存在于自然界和人类社会中，是个体或组织实现目标的一种手段，是社会发展和技术进步的产物。进入 20 世纪以来，现代意义上的指挥与控制概念、理论得到了极大发展，确立了在军事领域以机械化作战指挥理论和控制理论为基础的工业时代的指挥与控制概念，即指挥艺术和控制技术互相融合，形成了一体化的指挥与控制（C^2）。指挥与控制的理论、方法、技术除了优先应用于军事领域，还广泛应用于人类社会生活的方方面面。20 世纪 70 年代之后，随着以信息技术为主导的现代高新技术的快速发展，人类社会产生和获取的各种数据、信息，以比以往任何时期都快得多的速度增长。基于海上行动的指挥与控制不断丰富其内涵，改变其领域，扩展其外延，变化其形式。在进入大数据时代后，基于大数据的海上行动指挥与控制内容又产生了质的变化。

2.2.1 指挥与控制的概念演变

1. 指挥的概念

指挥与控制是自然界和人类社会普遍存在的现象。实际上，自从开始出现有组织的社会活动，指挥就存在了。从原始人部落、农业社会、工业社会直至现代社会，“指挥”的概念历经数千年的演变。

在古汉语中，“挥”通“麾”，是指发令的小旗。《旧五代史》卷七十五中有“望麾而进，听鼓而动”。由此可知，“挥”是调动他人行动的活动。战国时期，《荀子·富国》一书中有“拱揖指挥，而强暴之国莫不趋使”。在这里，“指挥”也是一种调度活动。

从主体上讲，指挥与控制是将帅的职责。《尉缭子》中有“将专主旗鼓耳。临难决疑，挥兵指刃，此将事也，一剑之任，非将事也”。也就是说，将帅负责指挥调度，发号施令，临难决疑，指挥行动；士兵负责拿起武器与敌人格斗。

在西方，“指挥”一词起始于欧洲中世纪晚期（约 1250—1300 年），最初表示与指挥个体相联系的管理艺术。第二次世界大战后，现代意义上的“指挥”概念才正式成形。20 世纪 50 年代，时任美国总统的杜鲁门对麦克阿瑟将军授权时，正式使用了“take command and control of the forces”（指挥与控制军队）的提法。《美国国防部军事辞典》对指挥与控制的定义为：“在完成使命、任务的过程中，合适地赋予指挥人员指派兵力的权利，指挥人员在计划、协调、兵力的控制过程中，对人员、设备、通信、资源、过程的配置活动。”《中国人民解放军军语》对指挥与控制的解释为：“指挥人员及其指挥机关对部队作战或其他行动进行掌握和制约的活动”。

2．控制的概念

从广义上说，控制是与生俱来的。例如，地球上的大气、水、森林、草原、阳光、动物、植物等构成了一个动态平衡的自动控制系统；低等植物、草食动物、肉食动物互相制约与控制，构成了一个食物链系统。对于人类社会来说，大到国家治理、全球经济，小到企业生产、市场营销，都存在着不同程度的控制活动。

“控制”一词由美国数学家、控制论的创始人 N. Wiener 提出。19 世纪 30 年代，法国将领、军事理论家约米尼在其著作《战争艺术概率》中第一次使用了“Control of Operations”（操作控制）的提法，并对军事领域的控制概念进行了阐述[4]。最早的指挥与控制模型是结合控制论建立的过程模型，而在指挥与控制领域长期占据统治地位的理论模型则是在 20 世纪 80 年代后期由美国战略家 John R. Boyd 创立的 OODA 模型。2000 年之后，美国各军（兵）种先后将指挥与控制概念写入了作战条例。

3．指挥与控制的概念

从指挥与控制概念的发展脉络可以看出，从古至今，指挥都有其不变的含义，而“控制”一词则与现代科技紧密相关。目前，指挥、控制逐渐融为一体，合称为指挥与控制，是有目的的组织行为。伴随着现代科技的突飞猛进，以及战争理论与实践的不断发展，在国外文献中，将指挥与控制统称为 C^2

4 Antoine B，Jomini H. The Art of War[M]. New York：Greenhill Press，1838.

（Command and Control），其后出现的 C^3、C^3I、C^4I、C^4ISR、C^4KISR 都是对指挥与控制方式、方法、内容、体系、结构、流程等方面的变化和提高。

事实上，指挥与控制的内涵和外延一直随着时代的变迁、科技的发展处于不断丰富、演变之中。在信息时代，指挥与控制的主体是信息，即指挥与控制演变为决策者为完成使命、任务，依据一定的目的，通过对各种要素的情报信息进行收集、评估来做出决策，进而实现资源、任务和责任的分配，并根据需要进行调整的活动。随着网络社会的发展，人与人之间、人与组织之间、组织与组织之间将越来越多地通过互联、互通和互操作的方式进行不受时空限制的资源信息共享与互动。指挥与控制的组织方式由集中式向边缘式演变：

- 在集中式组织中，以中心统一的指令行动。
- 在边缘式组织中，个体以自组织、自治的形式联合作战。

有国外学者针对指挥与控制的组织方式提出“汇合”（Convergence）和“对焦”（Focus）两个概念，即指挥与控制是各个个体在特定时间、使命和任务空间内，以并行、协同的方式实现资源的有效汇合和对焦。此时，指挥与控制转变为一种引导、系统的管理活动。

- 汇合：强调多个个体根据组织的目标独立行动，最终走向一致的过程。
- 对焦：因环境背景、努力的目标而将多个个体整合到一起的结果。

指挥与控制的决策者在寻求实现使命、目标的过程中可以创造性地发挥主观能动性，包括对意图的建立和描述、对活动情况的掌握，从而进行任务分解与资源分配、对态势演化做出预测和评估，以及对解决问题方案进行建构与选择等。

不管是针对军事行动的指挥与控制，还是针对非军事行动的指挥与控制，都包含安排、支配、协调、反馈等行为的有目的的组织活动，两者的区别仅在于：

- 针对军事行动的指挥与控制含有丰富的体系对抗、博弈行为。
- 针对非军事行动的指挥与控制以规划和计划为主。

指挥与控制的概念模型包括 3 部分：指挥与控制的主体、指挥与控制的客体、信息，如图 2.1 所示。

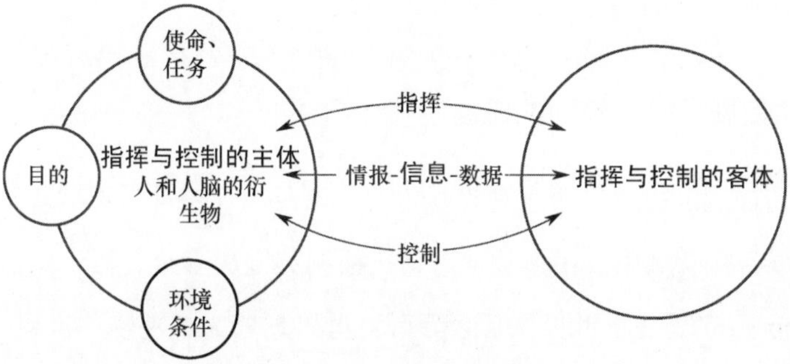

图 2.1 指挥与控制的概念模型

在图 2.1 中，使命、任务是指挥与控制的原动力。为了达成使命、完成任务，就要因地制宜地对任务进行规划、计划、分派，并在具体的行动中对抗各种干扰和破坏，纠正偏差，直至达成目的。

在农业社会、工业社会及信息社会的前期，指挥与控制的主体是人和人脑的衍生物——计算机及各种智能系统。指挥与控制的主体不仅要进行决策和命令的发布，还要进行态势评估、计划制订和信息收集。在 OODA 模型中，指挥与控制的主体依据一定的目的，通过信息和认知对相关资源（包括平台、系统、人员、装备）在时间和空间上进行有序安排、组织，并通过观察对外部世界进行判断。

- 信息和认知是指挥与控制的基础。
- 有序安排是指挥与控制的行为特征。
- 对外部世界进行判断是一个多方面的交互过程，是价值观、历史传统、以往经验、环境条件等因素交叉参考、互相关联和互相影响的过程。

人和人脑的衍生物——计算机及各种智能系统，通过支配、调度、操纵以人为中心的资源来实现目标。指挥与控制的水平存在高、低之分。这与指挥与控制主体的认知水平密切相关。不同水平的指挥与控制过程，可能会产生迥异的结果。因此，人们通常认为指挥与控制是一种艺术。

4. 大数据指挥与控制的概念

指挥与控制过程存在于客观物质世界，以及主观精神世界的物理域、信息域、认知域、社会域中。在大数据时代，根据英国科学家、哲学家卡尔·波普尔（K.Popper）的“三个世界”理论[5]，可将世界划分为客观物质世界（世界 1）、主观精神世界（世界 2）和客观知识世界（世界 3）。数据一旦产生，就将成为客观物质世界、主观精神世界之外的客观知识世界及其存在物。数据将在客观知识世界中按照自身的发展逻辑增长，具有客观性、自主性和实在性，并对客观物质世界和主观精神世界产生越来越大的作用。

基于“三个世界”理论的指挥与控制概念模型如图 2.2 所示。

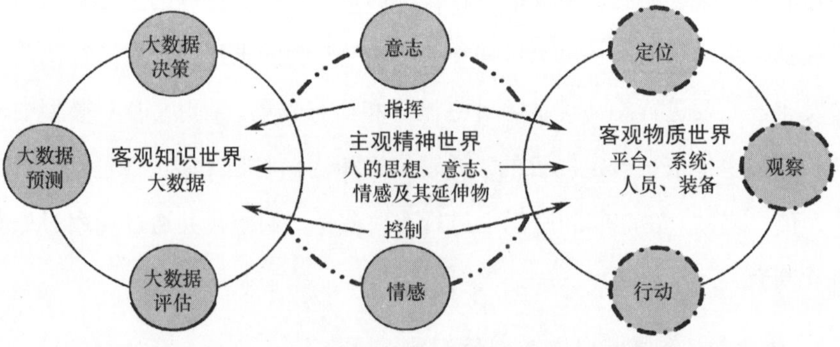

图 2.2　基于“三个世界”理论的指挥与控制概念模型

5 卡尔·波普尔. 客观知识——一个进化论的研究[M]. 上海：上海译文出版社，1987.

在基于“三个世界”理论的指挥与控制概念模型中，大数据既是指挥与控制的客体，又是指挥与控制的主体。具体内容包括：

- 大数据从客观物质世界、主观精神世界中独立出来，成为客观知识世界的主体。
- 平台、系统、人员、装备等是客观物质世界的主体。
- 人的思想、意志、情感及其延伸物是主观精神世界的主体。

虽然“三个世界”相对独立，但在指挥与控制中，客观物质世界、主观精神世界和客观知识世界是融为一体的：

- 客观物质世界和主观精神世界的内容不断以数据化、知识化的形式转化为客观知识世界的内容。
- 客观知识世界和主观精神世界的内容不断以物化的形式转化为客观物质世界的内容。
- 客观知识世界的内容不断以思想、意志、情感等形式转化为主观精神世界的内容。
- 客观物质世界的内容不断以思想、意志、情感等形式转化为主观精神世界的内容。

在客观知识世界中，知识的增长、知识的生产、知识的更新等构成一个知识网络。在主观精神世界中，人与人之间的思想交流、碰撞等构成一个精神网络。在客观物质世界中，装备序列、作战体系等构成一个物质网络。

在基于“三个世界”理论的指挥与控制概念模型中：指挥发生在主观精神世界，用于指导客观物质世界，反映客观知识世界；控制发生在客观物质世界，反作用于客观知识世界，反映主观精神世界。作为自然活动、人类活动的表征和体现，大数据是对客观物质世界的反映，蕴含着客观知识世界的知识和结构，从而体现客观知识世界和客观物质世界之间同构、同步的关系，通过利用客观知识世界的大数据信息，可以预测、指挥、控制客观物质世界。相对于传统抽样式的指挥与控制模型，在基于“三个世界”理论的指挥与控制概念模型中，大数据不仅能提供更多额外的价值，而且还能减小一些错误数据的影响。

在指挥与控制系统中，指挥与控制本身不是目的，只是实现目的的手段：

- 从战场态势感知到融合判断、形成决策，再到制订计划、实施决策、行动反馈等，都是需要根据执行过程中的反馈信息随时进行调整的，可将其视为客观知识世界对信息的接收、处理和传递。
- 在客观知识世界，知识是进化的、成体系的，也只有进化的、成体系的知识才是有价值、有作用的。
- 利用指挥与控制本身的“融合、共享、联动”功能，可有效融合指挥与控制实体，共享感知态势，实现指挥与控制要素、行动要素的联动，达到最终将信息优势转化为决策优势、行动优势的目标。可将这一过程视为客观物质世界向客观知识世界的迁移。例如，大数据分析预测、大数据博弈决策和大数据战场评估等。

从层次上讲，客观知识世界中的大数据可分为 3 个层次：信息、情报和知识；从属性上讲，客观知识世界中的大数据可分为 4 类模型：基础性信息、情报和知识；预测性信息、情报和知识；决策性信息、情报和知识；混合性信息、情报和知识。各类信息、情报、知识通过各种属性和关系互相关联。在指挥与控制系统中，追求的是情报、预测、决策和行动之间的因果关系。但在实际应用中，指挥与控制系统是各种规划、计划、目标的互相博弈，包括行动规划、计划、控制、协调、磋商、分配、预测、结果反馈等，并不强调因果关系，只需要反映客观情况。从某种意义上说，现代指挥与控制是一种信息和数据处理的活动与过程。指挥与控制的手段和工具正在逐步信息化、网络化、数字化、智能化、一体化。很多指挥与控制行为，特别是针对军事化的指挥与控制行为，极具目的性和动机性。

因此，在大数据指挥与控制的过程中，通过对客观知识世界的大数据分析，可得到真实、全面的相关关系，并在相关关系中突出因果关系，从而做出正确的判断，以及通过大数据的预测、评估功能进行决策。这些过程均体现了大数据对反映客观物质世界的作用。从近几十年的指挥与控制系统的发展实践（从半自动化指挥与控制系统 SAGE 到 C^3I、C^4ISR，再到基于全球信息栅格的网络使能系统 NECS）来看，作战指挥与控制都是围绕信息与决策进行的，即通过不断高效获取与利用信息来适应瞬息万变的战场。以美国为代表的军事强国已开始围绕大数据进行指挥与控制（可简称为大数据指挥与控制），构建从数据到决策的能力体系。从这个角度看，大数据（包括各种情报、信息、数据库、知识库）终将成为指挥与控制的决策者，各种系统、平台和设备终将成为指挥与控制的执行者和载体，因果关系被纳入相关关系，在客观物质世界和客观知识世界中互相融合、互相促进。

针对大数据指挥与控制而言，由于现实生活中，存在速度、质量和效益等指标，因此提出了大数据指挥与控制的方法和效能问题。

- 大数据指挥与控制的方法：包括决策权的分配、信息的分发和成员间交互模式的选择等[6]。
- 大数据指挥与控制的效能：在客观物质世界和主观精神世界，若要进行有效地指挥与控制，则需要明确的指挥意图、集中的指导、分散的执行、通用的规则及互操作等。指挥与控制的主体所做出的决策包含分配任务、明确各执行体的职责及互相关系、建立规则和约束（如奖惩、激励、信任）等。在客观知识世界，大数据指挥与控制的效能表现为大数据的广度、流量、处理速度，以及处理水平和协同能力等。

6 David S. Alberts，等. 理解指挥与控制[M]. 北京：电子工业出版社，2009.

在大数据指挥与控制中，可通过大数据分析确定价值目标集、任务集、资源集、规则集和边界等。从本质上讲，大数据指挥与控制是放权周边的[7]。

- 在顶层，大数据指挥与控制只遵循客观知识世界的规则（需要指挥与控制的主体根据大数据分析明确各执行者的职责及互相之间的关系，自动制定统一的规则和约束），不需要人为制定协议、规则。
- 在底层，所有指挥与控制的客体可实时、按需共享大数据，并按照确定的规则行动。

2.2.2 大数据指挥与控制的流程

大数据指挥与控制的本质是利用大数据完成指挥与控制的组织、管理行动，从而完成使命，达成目标。大数据使战争性军事行动演变为利用数据作战，使非战争性军事行动演变为利用数据进行规划。基于大数据的海上行动指挥与控制是立体、多维的活动，涉及多种因素和时空，需要处理庞大的数据。大数据通过处理所有数据（包括反馈数据）进行态势评估和决策，而不是依据抽样数据和局域情报信息进行指挥与控制。在工业社会中，人们依据局域数据、抽样数据和片面数据，甚至仅依赖经验、理论假设模型、价值观去挖掘未知领域的知识和规律，并实施行动或指导行动。这种做法常常是肤浅的、简单的、有限的、扭曲的。大数据从客观知识世界的角度出发，以一种前所未有的方式对海量数据进行分析，从而获得具有巨大价值的产品、服务及深刻的洞见。

大数据指挥与控制是在获取数据情报的基础上，依托大数据技术从海量数据中提取有价值的信息，进行规划、推演，以便准确、及时地掌握情况，分析

7 放权周边又被称为边缘优势。

态势变化和可用的资源，最终将数据优势转化成决策优势和行动优势。大数据指挥与控制的基本流程如图 2.3 所示。在从传统的指挥与控制演变到大数据指挥与控制的过程中，指挥与控制的主体、内容、域、方法、手段、组织结构和流程等都发生了新的变化。

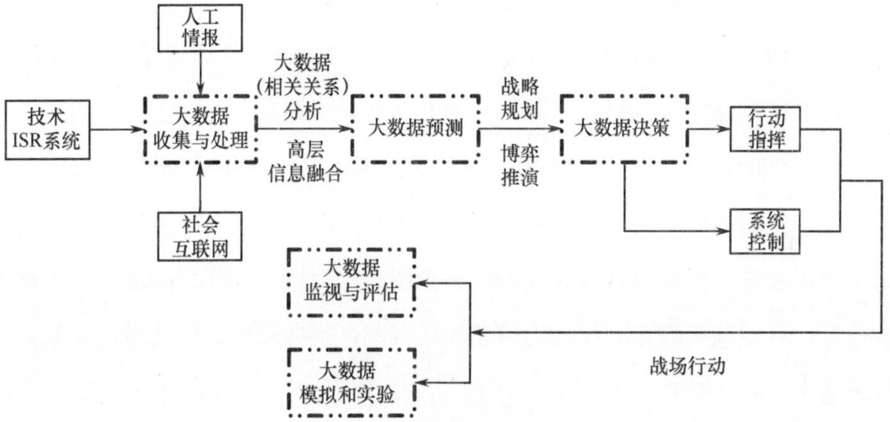

图 2.3　大数据指挥与控制的基本流程

1．大数据收集与处理（Collecting & Dealing with Big Data）

由于大数据指挥与控制的基础、核心是大数据，因此应用大数据指挥与控制的前提是大数据收集与处理环节，以便从大规模的全域情报信息中获得通过样本数据无法得到的信息。

大数据收集与处理的过程是一个对包含所有空间（海洋、陆地、空中、太空、电磁等）和领域的传感网、情报进行信息融合、云存储、大规模并行处理，以及区块链存储与检索、实时显示等操作的系统过程，是全源、全域和全时的。

2．大数据预测（Prediction by Big Data）

预测是决策的前提。大数据预测是一种复杂、综合、连续地对物质世界进行深刻理解和认知的判断活动，是客观知识世界、主观精神世界积极参与客观物质世界的系统过程，主要包括大数据（相关关系）分析和高层信息融合等。之所以能够通过大数据进行预测，其原因在于大数据能够发现规律和特征，抓住动向和新息，从而推动指挥与控制的主体不断深化认知和学习。

在海上行动中，大数据可依托搜索、比较、聚类、分类、关联等统计操作进行模式识别和数据挖掘，发现数据背后的规律、联系和变化，获取未知的具有现实价值或潜在价值的信息和知识。通过大数据分析、推理和深度强化学习，在发现的基础上进行综合，得到一种对相关事物、现象、活动具有更高层次，以及预见性的认知（包括对未来、动态影响因素的预见和感知等），形成对战场时间、空间和行动效果的多维、深层次理解，进而形成一种对未来趋势的判断，用以及时、准确地掌握敌方的战略企图、作战特点、作战规律、兵力部署等信息，客观预判敌方的作战构想和战场行动，把握双方力量的对比关系，以及战场态势的发展变化情况等。例如，从大数据分析中发现战争的征兆、战争可能发生的时间和地点、敌方的意图、敌方最可能采取的行动、敌方航母的位置和可能航线、敌方潜艇的航线，以及敌方作战网络的关键节点、敌方潜在的作战结构、敌方指挥人员的性格特点等。

大数据关注的是相关关系。人类海洋活动往往是有目的的组织活动或行动。在人类海洋活动背后往往具有因果关系或某种目的。加上因果关系的大数据相关关系分析是深化指挥与控制、提升分析能力、推动战场态势感知、提升指挥与控制主体认知的核心要素。

预测的结果将用来进行战略规划和博弈推演，指导进行搜索、探测、监视、决策、跟踪、管理等行动。

3. 大数据决策（Decision by Big Data）

在复杂、多维的海上行动中，情报、预测、决策（决策是核心）是一体化的。感知和共享感知仅是作战主体正确采取行动的依据，其真正的行动还需要通过指挥与控制主体的认知与认知交互来进行。感知和共享感知在进入客观知识世界的认知主体（人和人脑的衍生物）后，不同认知主体所表现出的状态可能是不同的，反应也可能是不同的。这既有出发点不同的原因，也有水平差异的因素。大数据决策包括战略规划和博弈推演，即通过客观知识世界的大数据分析，得到真实、全面的相关关系，并在战略规划和博弈推演的基础上，根据不同的期望来实施行动指挥和系统控制。例如，利用大数据进行海上行动规划和资源调配时，基于目标和效果进行作战筹划、兵力指挥和协同、行动指挥（包括有人系统和无人系统之间的协作、火力控制、传感器控制等）、作战空间感知、战场管理等，从而完成联合行动。

需要指出的是，大数据决策不仅取决于大数据，而且也取决于特定的小数据，可将小数据纳入大数据之中，从而使作战指挥行动更具针对性和灵活性。

4. 大数据监视与评估（Surveillance & Evaluation by Big Data）

效果是所有行动的出发点和着眼点。大数据监视与评估是指通过大数据对战场进行监视，以及不断地对各种作战实体的行为、行动效果进行线上和线下评估，并对整体指挥与控制的行为和后果进行控制，以便动态地协调各个实体的行动、合理分配战场资源，达到最终的目的。

5. 大数据模拟和试验（Simulation & Test by Big Data）

预测未来最好的方法，就是去创造未来[8]。在基于海洋大数据进行指挥与控制时，可以进行大数据模拟和实验，即反复训练、试验、分析其过程，模拟某些现象，从而揭示规律，进行嵌入式/平行仿真、推演。

大数据分析为基于海洋大数据的指挥与控制带来了思维方式的变革，突破了传统指挥与控制的窠臼，无论其外延还是内涵，都发生了重大变化。大数据

8 由目标管理（MBO）概念的创始人、管理学之父 Peter F. Drucker 提出。

对指挥与控制的信息收集、处理、分发、利用等各个方面和环节都直接产生作用，提升了指挥与控制的层次和能力。基于海洋大数据的指挥与控制变成了基于海洋大数据分析的行动决策和管理行为。

2.3 基于大数据的海上行动指挥与控制组织分类和组织模式

随着信息时代的来临，能否自由地利用信息及应用知识是战争胜负的关键。信息跨域共享与协作成为现代战争的基本概念。与以往的指挥与控制相比，在海上行动的大数据指挥与控制中，以知识为中心，基于网络优势组织的指挥与控制将成为大数据在作战能力、增效机制、战局控制、胜算把握、体系功能维系等方面，将信息优势转化为决策优势的核心工具。下面主要介绍在海上行动的大数据指挥与控制中组织的分类和模式。

2.3.1 组织分类

众所周知，组织产生力量，优势组织产生优势力量。科索沃战争、阿富汗战争、伊拉克战争等高科技局部战争显示，以知识为主导，各参战实体实时联动，以信息增值应用为主要内容的多平台一体化联合作战已成为现代战争的主要组织形式。战争演变为信息战、知识战和网络化作战，并由梯次推进的集中式组织向立体同步的边缘性组织转变。

1. 集中式组织

在自然界和人类社会中，个体总是以不同的形式存在于各类组织之中。组织可以分为两大类，即集中式组织和边缘性组织。每类组织采用的架构不同，其生存环境也不同。工业时代，组织大多采用条块分割、集中统一的架构，即集中式组织。在这种组织中：信息沿着权力轴线垂直流动；边缘主体采集的信息逐级向中心主体汇报；中心主体做出的指令逐层向边缘主体下达。集中式组织虽然有效贯彻了中心主体的意志，方便中心主体进行统一的指挥和领导，却不利于发挥边缘主体的能动性，边缘主体间的阻隔在规避混乱的同时，也限制了边缘主体间的有效协作。在面临不确定性环境和多任务的挑战时，集中式组织的弱点暴露无遗，特别是随着精确制导武器、超高音速打击武器的问世，海上行动已进入“手术刀”时代和读“秒”时代，构建敏捷的作战体系、转变战斗力生成模式、创新联合作战的战略和战术等成为组织变革的新需求。

2．边缘性组织

大系统理论认为任何一个系统都是因为与其他系统联系在一起而起作用的。其效能、生存力取决于实体组织的连接方式和水平。海上联合作战既是多种实体、作战平台、系统和战场环境结合在一起与敌对抗的组织过程，也是各种物质、能量、信息全面开放，在战略、战术的不同层面，以及指挥与控制、火力控制的不同粒度上“聚合”和“对焦”的过程。在环境和整体使命的制约下，各个作战实体互相制约、互相配合、互相协同。与此同时，各个实体、平台、系统又具有运行独立性和管理独立性。海上联合作战是团队作战，在组织结构的调整和运行流程的重组方面具有优势。

随着信息技术、网络技术的快速发展，与机械化战争时代相比，现代的作战时空有了质的变化，作战空间大大拓展，时间、空间互相交织，不同军（兵）种、不同平台、不同实体间的关系错综复杂，作战时空贯穿于整个物理域、信息域、认知域、社会域。组织从严格等级、层次分明的集中式组织向边缘性组织转变，个体的生存与发展从刚开始个别的联合，经由整体的集中后又走向新的分散。

（1）边缘性组织的架构

集中式组织架构有一个统一的中心个体。中心个体拥有权力和地位，居于顶层。边缘实体位于底层。传统的集中式组织如图 2.4 所示。显然，这种“金字塔”结构是条块分割、机械和僵化的，横向联系很少。组织的战斗力主要依赖于等级的结构和严明的纪律，特别是中心主体超群的智慧、卓越的领导力和个人魅力。

与集中式组织不同，在边缘性组织中不存在一个统一的中心主体。在这类组织中，除了具有纵向的垂直关系，还具有横向、广泛的交叉联系，各实体之间可根据使命、任务灵活地编组。强调横向联系的边缘性组织如图 2.5 所示：整个架构呈现扁平化特征，权力由中心向边缘地带转移，组织的力量从各处涌现，整体的力量由个体创造，只有必要时才需要外界干预。

图 2.4　传统的集中式组织

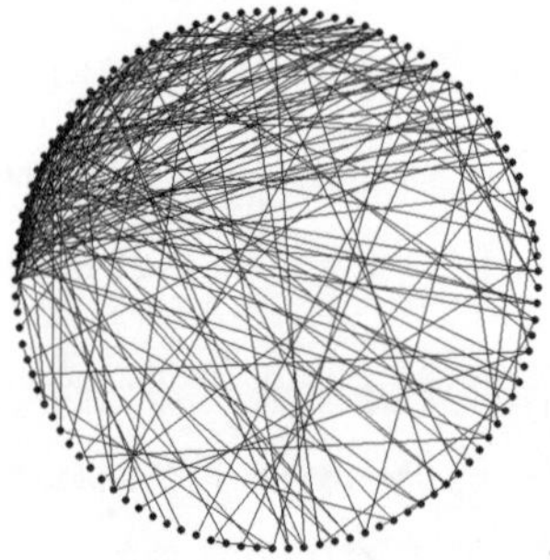

图 2.5　强调横向联系的边缘性组织

集中式组织的适应机制源于自下而上的逐级反馈和由上而下的逐级控制（目标控制）框架，适应环境的环节多、时间长、时效差。边缘性组织的适应机制源于复杂系统对环境的自适应机理（包括自反馈、协同、使命、任务等），以及网络化的协同、共享效应。其控制框架是所形成的扁平化的、复杂的自组织系统。相较于集中式组织对信息和权力的体制性垄断，边缘性组织将信息和权力放于边缘。集中式组织通过上级指令行动，边缘性组织通过设立边界，由边缘实体根据使命、任务自主采取行动。显然，边缘性组织具有较强的组织灵活性、适应性和韧性，反应快速，灵活多变。

与所有组织一样，边缘性组织的内涵包括系统、环境、使命、任务、功能、目标、效能、演化等要素（使命、目标是组织存在和发展的内在依据）。从本质上讲，边缘性组织属于开放的、复杂的、系统的组织。任何组织都处于一定的环境之中，在环境中生存、发展、运动、变化，并与环境互相作用。

边缘性组织的个体之间存在各种线性和非线性关系。这些关系将每个个体连接成一个有机的整体，使得组织具有任何一个个体所不具有的性质和功能。

（2）边缘性组织的作战体系

尽管在不同的时代，优势组织具有不同的表现形式，但是不论采用何种表现形式，其目的都在于使组织更加敏捷，使高级指挥机关有能力接受更多的变数，尽量减少低级指挥机关所需面对的变数[9]。

军事组织是人类社会中一类具有明确目的的特定组织，具有强制性、目的性和使命性。随着时代的变迁、社会的发展、技术的进步，军事组织结构的模式和形态正在不断演化。就作战体系而言，边缘性军事组织是基于运行独立性、管理独立性之上的一种分布可变、扁平化的系统体系组织。其运行、战斗力依赖于实体之间的有序协同与配合，依赖于明确的使命和目标，相应的运行机理由组织的目标、组织实体之间的相互作用结构及外界环境决定。在目标、环境、力量、时间、空间等范畴内，实体要素之间围绕着目标打击、资源管理、信息增值、效果评估等环节，将产生情报、指挥、控制、通信、导航、精确保障等各种关系，具体落实到情报侦察与监视、作战指挥与控制、通信导航、火力打击、电子战、损害管制等各个功能系统、设备和体系结构上。指挥与控制网络更加扁平化、网络化，并形成横向连通、纵横一体的动态优化控制的功能体。

9 Martin van Creveld. Command in War[M]. Cambridge，MA：Harvard University Press，1985

在海上行动中，信息已渗透到了行动的各个领域和环节，涉及战场环境、兵力部署、平台机动、火力控制与运用、信息对抗、物资补给等诸多方面。从作战到后勤保障、从天空到海洋、从电磁到心理素质，贯穿始终的都是信息和信息流。具体的环境、组织的任务、先进的技术决定着组织体系的运行模式。

针对海上行动，指挥体制的变革，主要体现在由原来的平台中心战向网络中心战转变。边缘性军事组织在网络和信息技术发展的基础上，其作战体系借鉴网络化的结构形式，以灵活的结构重组和集成来适应环境的变化，以边缘性组织的敏捷性来提升作战体系的作战效能。相对于集中式军事组织，边缘性军事组织的作战体系从线性的、垂直的组织结构，不断向非线性的、网络化的结构演变，变得越来越扁平化。

例如，在海上联合作战中，以大数据为支撑，相关力量彼此融合、互相支撑，构成立体作战体系，各种兵力、兵器、平台融于作战体系之中，并以整体的形式对抗，呈现出数字化、体系对抗与攻防结合的显著特点。海上联合作战的大数据体系对抗环境如图 2.6 所示。

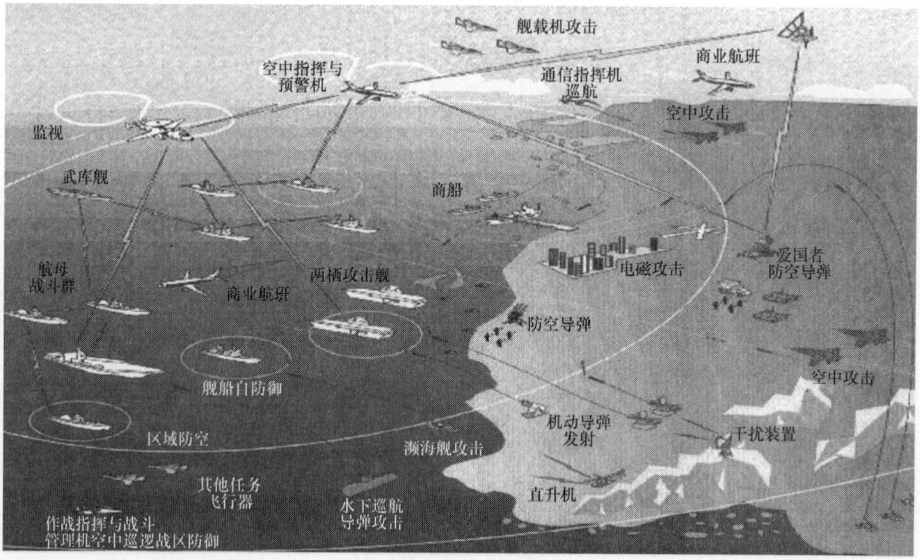

图 2.6　海上联合作战的大数据体系对抗环境

边缘性军事组织的实体由于具有边缘性组织的特点，因此作战力量前移。在运行时，边缘性军事组织表现出观察全维化（获取的信息被广泛分发、共享）、组织结构扁平化、决策分布化、后勤保障就近化、各作战实体的行动前沿化与一体化的特点，从而显著增强作战体系应对外界挑战的灵活性，提升系统的反应速度，增强组织的作战效能。

（3）边缘性组织的作战结构

以边缘性军事组织为例，多目标、信息化作战环境进一步促使作战体系从集中走向开放，以适应平台中心战向网络中心战的转变。在对外行使功能时，边缘性军事组织可根据使命、任务自行组织灵活的空间交战链。从结构来看，海上联合作战的结构是扁平化的，以网络化的形式存在，并由“树状”向“扁平化”迁移。

基于现代指挥信息系统的边缘性军事组织的作战结构可分为4层，即最高政治层、联合作战指挥层、军兵种层、平台层，如图2.7所示。其中，军兵种层将来可能会被弱化，甚至最终会消失。

在军兵种层，每个节点都可能是一个平台。在海上行动中，平台之间可以以组、分队、编队或“群”的形式进行联合作战[10]，即以属性编组，或者按照任务分群，依据使命、环境、条件实施自主或协同的海上联合作战。边缘性组织的结构是相对的。例如，在海上联合作战中，司令部、海上联合编队、海上支队等组织，相对于传统的总参谋部、军区、军兵种司令部、舰队、支队、分队而言是边缘性组织。将来的陆地、海洋、空中、太空等平台，甚至单兵战士，可通过公共作战图（COP/CTP）直接与最高指挥层沟通，可谓是更高水平的边缘性组织。在不同层次和平台间，由智能化信息网格连接、驱动，可形成分布式体系组织的结构。这种跨越不同层次的分布式、可变式的扁平化结构，是目

10 典型的海上编队有航母战斗群、两栖（远征）打击群、驱逐舰支队、快艇编队等，承担海上联合作战、近海防卫、两栖登陆、护航等任务。

前可以预测到的未来作战结构的雏形。

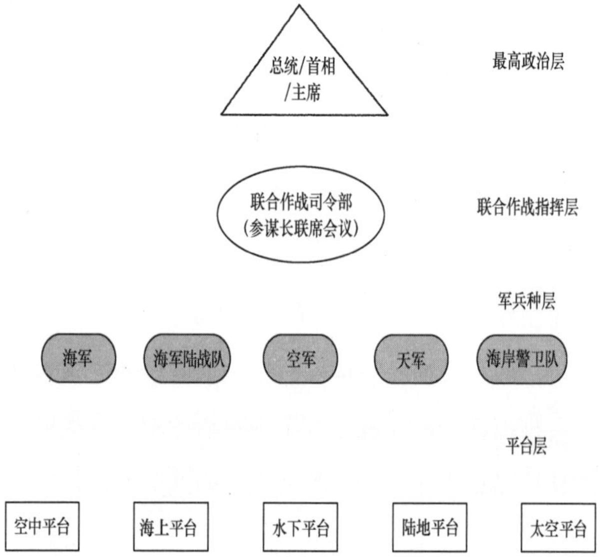

图 2.7 边缘性军事组织的结构

2.3.2 组织模式

在体系组织的时空结构中，海基、空基、天基、陆基等作战实体和平台互相协同、互相支援、互相补充，相关功能有机集成，整体作战力量被赋予了多种变化模式下的行动功能。作战组织模式由传统的平台中心战向网络中心战转变，即组织形式网络化，指挥与控制的组织扁平化，并形成横向连通、纵向一体的指挥与控制体系。

海上多平台的联合作战组织模式主要有三种：

- 一是无限中心作战模式，即有一个无限权力的指挥与控制中心。该指挥与控制中心（处于顶层）既可能是岸基指挥与控制中心，也可能是多平台海上编队或多平台“群”的指挥与控制中心，不但向各作战平台指定目标、分派任务，还控制完成任务的具体方法和途径。所有参战平台都在该指挥与控制中心的绝对控制之下。

- 二是有限中心作战模式，即有一个有限权力的指挥与控制中心。它虽向各作战平台指定目标、分派任务，但不控制具体完成任务的方法和途径，各参战平台在完成任务的过程中具有一定的临机处置权。
- 三是无中心网络作战模式，在这种模式下，分布的各平台和兵力工作在一个虚拟的问题空间（任务空间），不存在一个集中、统一的作战指挥与控制中心，各作战平台都是相对独立的、自治的实体，根据使命和任务，以及统一的全局或局部的战场态势图，自主协同，联合作战。

从目前的技术水平和实际作战情况看，海上多平台的联合作战组织模式大多采用有限中心作战模式。从未来发展的趋势看，无中心网络作战组织模式是海上多平台联合作战模式的发展方向，即以多平台“群”的方式联合作战，每一个平台作为一体化网络作战体系中的一个节点。各平台应具备较高的智能化程度和自动化水平，具有管理独立性。

海上多平台的具体组织模式如下。

1. 单平台视距内突击作战

单平台视距内突击作战，即单平台在自身视距内，对任务区域的目标进行侦察、情报搜集、监视，以及对目标进行跟踪、打击等。具有“侦察-打击”一体化能力的单平台可独立在视距内对海上的目标实施攻击，与敌方的空中目标进行战斗，以及在视距内为我方目标提供掩护等。典型的单平台视距内突击作战是水下潜艇作战。

2. 单平台中继视距外突击作战

单平台中继视距外突击作战是指在视距外，单平台通过体系内的卫星、空中直升机、无人机等中继平台接收海上联合作战的环境情报和目标的状态信息，引导单平台的精确制导武器和非制导武器进行中远程的超视距打击，通过卫星中继平台接收岸基指挥与控制中心或多平台“群”指挥与控制中心的指令，进入视距外的指定区域执行作战任务，并将自身所获取的信息和情报传递给岸基指挥与控制中心或多平台“群”的指挥与控制中心。

3. 多平台数据中继视距外作战

在视距外，多平台以海上编队或“群”的形式通过体系内的卫星、预警机、舰载直升机、无人机等中继平台接收海上联合作战的情报和目标信息，引导海上多平台编队或多平台“群”的精确制导武器对目标进行超视距打击，并通过卫星、预警机、直升机等中继平台将多平台所获取的海上联合作战信息、情报数据传递给岸基指挥与控制中心和多平台“群”的指挥与控制中心。

4. 多平台协同作战

多平台协同作战是指多平台以海上编队或“群”的形式协同作战，主要包括三种形式。

- 一是水面多平台协同作战。例如，一艘导弹快艇与数艘水上无人 AUV 协同作战，利用水上无人 AUV 对敌实施侦察、分布式干扰，导弹快艇伺机进行突击。
- 二是水面平台和空中平台协同作战。例如，空中平台先对敌进行侦察、实施突击，待取得一定战果后，再由水面平台完成后续作战任务，或者由空中平台取得制空权之后，再由水面平台对要点实施突击。
- 三是水面平台和水下平台协同作战。例如，水面平台和水下平台协同实施反潜行动，或者联合对陆地进行打击等。

5. 多平台、多系统分布联合作战

多平台、多系统分布联合作战，即海上和水下平台联合空基、陆基和天基的力量进行组合式作战。例如，轻小型水面舰艇协同大中型水面舰艇、水下潜艇、空中有/无人飞机、卫星、陆基力量进行随机、聚合作战。

2.4 基于大数据的海上行动指挥与控制网络

在海上联合作战的过程中，各个作战实体以组织的形式与目标交战，并基于以下两个方面的原因，将各个要素有机地结合起来，从而构成协同运行的整体，并能快速适应战场环境的变化。

- 一方面，多维空间的各个作战单元或要素通过数字化网络连接起来，构成互联、互通、互操作的自主对接平台，生成异地分布的虚拟作战实体和组织。
- 另一方面，战场空间矢量化、数字化的根本目的是控制战场资源和各种活动信息，夺取和保持信息优势，将战场资源和信息资源紧密结合起来，最终形成行动优势。

2.4.1 网络使能系统

20 世纪末，美国海军提出“网络中心战”的概念，明确 21 世纪要用革命性的信息优势，通过“部队网（FORCE Net）”将作战人员、传感器、网络、指挥与控制系统、平台、武器等综合成联网的、分布的、可缩放的作战力量，使得作战的精确性、到达范围、连通性等处于一个新的联合作战阶段。

1997 年，美国基于“制敌机动、精确打击、全维防护、聚焦后勤”等概念提出全球信息战构想，引入了卫星网络通信、机载指挥与控制系统，促成海洋、陆地、空中、太空的情报侦察系统、通信导航系统、计算机网络与指挥系统、海-空一体打击体系的有效集成，从而描绘能够满足不同层级、不同用户需求、不同粒度和视野的一致作战态势图，为各战区、平台提供一个集成的作战计划、评估工具及其他支持服务等，大大拓展了指挥与控制的范围和功能内涵。

20 世纪末至 21 世纪初，在监视技术、信息技术、网络技术和通信技术等既深入发展又密切配合的推动下（特别是网络技术的快速发展），使得工业时代的指挥与控制体系的面貌发生了重大变化，即海洋、陆地、空中、太空、网络、电磁跨域协同，多域虚拟存在，由智能认知驱动，信息高度融合，力量按需聚放，网络使能作战。各级、各类战场的指挥与控制节点，以及由其关联关系构成的指挥与控制网络已成为指挥人员与战场、周围作战要素进行交互的手段。

在网络化作战的背景下，2006 年，美国国防部信息系统局开始部署基于网络服务的联合指挥与控制系统（Joint Command & Control，JC^2）。JC^2 以提高互操作能力为目标，通过以天基和空基为中心的多传感器信息网络，将情报、侦察、监视、导航、气象预报等连接在一起，令战场变得相对透明。例如：

- 士兵可通过自动化的方式观察友军和敌军的活动，以及补给的运送情况，接收态势和情报报告，并监视空域。
- 先进的电子化无人空中视频监视、卫星成像和其他信息收集网络提供了实时的战场态势感知。
- 指挥系统源源不断地在全球范围内实时传递有关友军、敌军、中立方、非战斗地点的准确信息，以及情况分析和命令，特别是那些指挥人员关注的、需要的、通用的、有价值的情报及数据。

- 通过“O2O”/“Face to Face”[11]的输入为作战指挥与决策提供支持。

网络连接改变了机械化作战时空组合的形态。指挥与控制体系开始向以数据（知识）为中心，以松散耦合、定制为特征的、面向服务的网络化演变。信息共享、信息使用、增值应用成为一体化联合作战的核心特征。

综上所述，网络使能系统就是指各种作战行动实体根据属性、目标、使命、任务互相作用并连接成网，以知识、智能认知为基础，以网络为中心来组织、驱动作战行动。在之前讲述的“三个世界”理论内的客观知识世界中，因知识的增长、生产、更新等构成了客观知识世界网络；在主观精神世界中，由人与人之间的交流、碰撞构成了主观精神世界网络；在客观物质世界中，由装备序列、作战体系构成了客观物质世界网络。各个行动实体围绕使命、任务互相作用，通过与外界环境的交互不断适应环境并实现目标。在行动中，依据先进的网络及其潜能，各个实体互相连接成一个动态的、分布的、可伸缩的、信息共享的有机整体。整个网络是联合行动的主体，各个实体、平台和系统都是整个网络的节点。其行为包括以下 4 个层面。

1. 感知和共享感知

感知和共享感知是对指挥与控制的主体获取目标和环境信息的各种活动的总称，包括搜索、探测、监视、跟踪等。在海上联合作战中，感知和共享感知既是判断战场态势、跟踪目标、打击目标的依据，也是确定作战效果的依据，更是作战主体互相协同的依据。现代战场的范围大、变化快、环境复杂，只有互相通知、互相补充、互相印证、互相提高，才能及时、完整、准确地感知战场态势，进而采取正确的行动。

11 源于人们在商业中的一种线上/线下交互模式。

2. 认知和认知交互

认知是一种高层次的动态思维识别与理解过程，包括概念、判断、推理、想象、目标价值分析、学习、评估等。在复杂的海上行动中，感知和共享感知仅是作战主体正确采取行动的依据，真正的行动还需要通过指挥与控制主体的认知和认知交互。在感知和共享感知进入指挥与控制主体的认知域后，不同指挥与控制主体的认知可能是不同的。对同一认知，不同主体的反应也可能是不同的。这既有出发点不同的原因，也有认识能力的差异。作战是一个活力对抗的过程，不仅敌我双方作战是一种活力对抗，指挥与控制主体之间的认知交互也是一种活力对抗，只不过前者是对抗性的对抗，后者是合作性的对抗。

认知和认知交互是对作战意图的共同理解，是思维领域和认知领域的交流活动。

3. 协作和同步

在认知和认知交互的基础上，指挥与控制的主体根据使命、任务、环境和各自的状态彼此沟通、互相选择、互相配合，自主地采取一致的行动。为了实现同一个目标，各作战主体在行动上自主协同、互相配合的一致行动被称为协作和同步。协作和同步是联合作战指挥与控制的重要内容，是在网络化行动中，各节点在统一的目标、共同规则、价值增值追求的基础上的互动行为，既包括配合行动，也包括纠偏行动，既有顺序关系，也有并发关系。

协作和同步可在不同层次和领域实现。在网络化作战中，不同的指挥与控制组织的结构，其协作和同步的性能也是不同的。

4. 效果评估

效果是感知和共享感知、认知和认知交互、协作和同步、效果评估的出发点和着眼点。行为结果和作战效果要及时评估，不断协调各个作战行动主体的行动，以及合理分配指挥与控制的资源，以便达到最终的目的。

在客观知识世界网络中，其网络平台是云计算平台；在客观物质世界网络中，其网络平台是兵力、平台、系统、设备运行网；在主观精神世界网络中，其网络平台是人和人脑的衍生物——计算机及各种智能系统。在客观知识世界网络的作用下，选择和判断是一个多方面的交互过程，包括历史传统、文化传统、以往经验及当前环境信息的交叉参考等，追求的是情报、预测、决策、行动之间的因果关系。

“三个世界”中的三维立体交互行动网如图 2.8 所示。指挥与控制的网络结构由“三个世界”中的三维立体交互行动网构成：

- 第一维是客观物质世界网络中的兵力、平台、系统、设备。
- 第二维是客观知识世界网络中的云计算平台。
- 第三维是主观精神世界网络中的思想、意志、情感及人际间的交流。

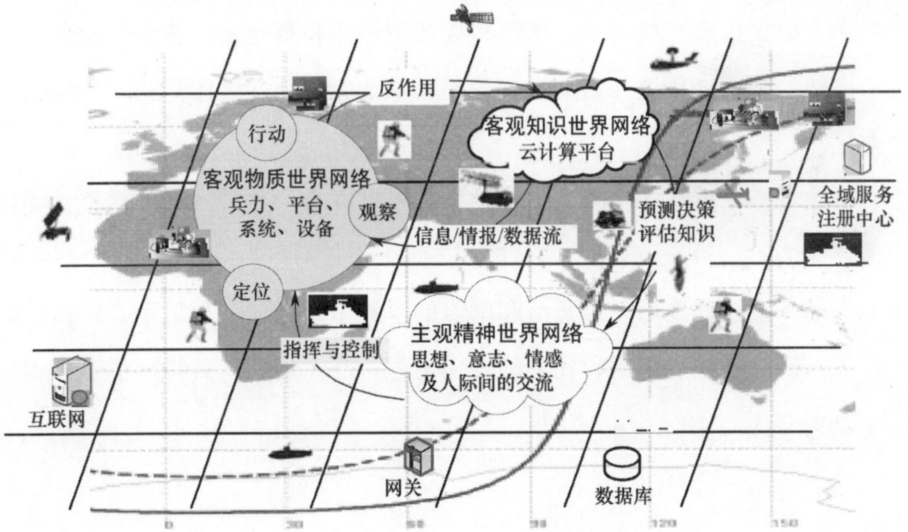

图 2.8　“三个世界”中的三维立体交互行动网

通过网络通信，“三个世界”中的三维立体交互行动网成为一个整体：

- 客观知识世界中的大数据成为指挥与控制的行动主体。

- 客观精神世界中的人和人脑的衍生物——计算机及各种智能系统成为指挥与控制的决策接收者和执行者。
- 客观物质世界中的各种系统、平台和设备成为指挥与控制的具体实现者。

2.4.2 核心子网

在参与网络化作战的众多网络中，用于达成目标、使命、任务的作战网络被称为核心子网。核心子网是作战网络的核心。在客观物质世界中，用于获取信息、传递信息的卫星、自组织网络、指挥与控制中心等是网络化作战的关键点，又被称为关键节点。在客观知识世界中，各类数据库、云计算平台、数据链路也是关键节点。

在大数据指挥与控制中，指挥与控制网络将根据使命、任务的变化，以及节点间的关系变化进行自适应地调整，从而令作战网络的结构、规模也发生变化。

作战重心迁移是指作战网络中的核心子网在整个作战网络中的位置变化或地位变化。在核心子网迁移的过程中，整个作战网络的中心可以从一种链路和节点的子集迁移到另一种链路和节点的子集上。因此，作战重心迁移是整个作战网络适应作战环境和任务的变化过程。在此期间，其特征值也会相应发生改变。

2.5 基于大数据的海上行动指挥与控制典型示例

基于海上行动的指挥与控制案例较多，例如，防空反导作战的指挥与控制、封锁与反封锁作战的指挥与控制、登陆与反登陆作战的指挥与控制、反潜与驱潜行动的指挥与控制、护航与反海盗行动的指挥与控制、海上应急救援行动的指挥与控制等。

2.5.1 防空反导作战的指挥与控制

自航空器出现以来，空中目标一直是海上行动的最大威胁。

- 空中威胁主要包括空中侦察、监视、攻击、干扰，以及与此相关的探测、情报获取与通信等。
- 空中目标主要包括各种有/无人的侦察机、轰炸机、歼击机、巡航导弹等。

由于技术的不断发展，现代空中平台和空中兵器的作战范围越来越大：

- 高度：从掠海几米延伸到上百千米的临近空间。
- 距离：从几十千米拓展至几百千米。

与此同时，空中平台、兵器、制导弹药的飞行速度越来越快，精度、超视距的攻击威力得到空前提高，对海上各种平台和系统的威胁不断增大。尤其是近十几年来，越来越多的隐形飞行器问世，给空中目标的发现、识别、跟踪带来了极大困难。因此，防空反导就成为海上行动的主要任务。

顾名思义，防空反导是在作战任务区域中发现、识别、跟踪空中目标，并视情节对空中目标予以警告，或者对其进行驱离和击落等。防空反导作战能否成功的关键是早期预警，以及进行可靠地识别、跟踪、目标监视等。其中，大数据可以从战略、战役、战术的不同层面，针对高、中、低的不同空间目标进行早期预警、分类识别、重点跟踪，并对防空反导的效果给予及时评估。

在防空反导作战的指挥与控制过程中所应用的大数据既包括传统的战术层面的情报数据，也包括非传统的相关情报、信息和数据，例如，历史数据、航班信息、互联网信息、实时天波数据、新闻报刊信息、人工情报，以及空中预警与导航数据、预警卫星数据、电子侦察/报警系统数据、目标综合识别系统数据等。

防空反导作战可利用天基、空基进行预警和侦察。例如，通过监视目标的高度和速度，对空中目标、海面目标、一定深度的水下目标、地面目标，以及电磁目标进行大范围的预警、侦察和监视。通过大数据分析，可实现对海上防空反导的指挥与控制，与舰船编队的指挥中心、岸基作战的指挥中心、空中指挥所，以及目标指挥引导系统等进行互联和互操作，形成一体化的预警指挥与控制网络，构成敏捷、快速的防空反导作战体系。例如，近年来，美国国防部高级研究计划局在应用大数据分析进行防空反导作战的过程中，启动了一项名为 Insight 的项目。该项目旨在开发更多源的资源管理系统，解决目前 ISR 系统的一些不足：通过自动化分析，提前对时间敏感的、更大的威胁目标进行分析；通过分析图像和非图像的传感器信息及其他来源的信息数据，在第一时间发现、识别出不同距离和高度、不同类型的空中目标，进而判断空中目标的种类、属性、意图、数量、特性，识别战争和非常规战争行为；针对不同等级的高、低空威胁目标，引导我方飞机、舰船优先占位，从而实施高效的指挥与控制。目前，该项目在第一阶段的承包商——BAE 系统公司和 SAIC 科学应用国际公司，已完成下一代 ISR 开源数据采集和资源管理系统的设计工作，第二阶段将在第一阶段的基础上建立一个全球的、综合性的 ISR 分析框架，进一步提高数据处理效率，不断提升大数据分析、预测、评估的能力。

利用大数据的空间预警、侦察情报网络，可对气球、民航飞机、大型飞鸟、来袭敌机、导弹等进行区分，并指挥、引导空基、海基、陆基的反导武器系统对威胁目标进行多维、多层次的打击。海上多平台协同进行防空反导作战的示意图如图2.9所示，即陆地、海洋、空中、太空的兵力，借助大数据和多维作战的力量优势进行立体防空反导作战，可使用天基激光武器、防空导弹、动能武器摧毁飞机、导弹等威胁目标。

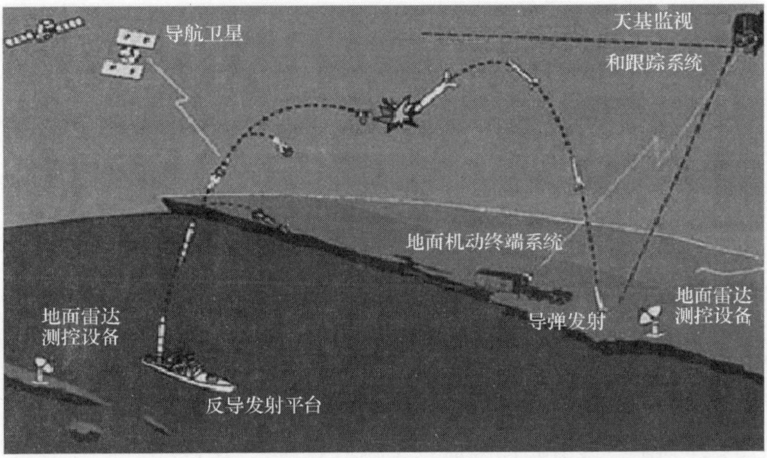

图2.9 海上多平台协同进行防空反导作战的示意图

在海上防空反导的指挥与控制过程中，较为常见和有效的是从单平台独立防空反导作战发展而来的多平台协同防空反导作战，即针对空中目标平台、来袭制导弹药的属性和性能，协调天基、空基、海基、陆基的防空预警作战平台和系统，进行联合防空反导作战。从层次上区分，防空反导作战可分为战略性防空反导作战和战术性防空反导作战两大类。

- 战略性防空反导作战主要针对威胁极大的远程洲际弹道导弹等空中飞行物。美国的NMD作战即属于此类。
- 战术性防空反导作战主要针对一场战役或某个战区的防空反导作战。美国的TMD作战即属于此类，主要目标为反舰巡航导弹、战斗机、直升机等。

对于海上联合作战，其防空反导作战往往兼具战略和战术的双重性质。从种类上区分，防空反导作战可分为点防空反导、面防空反导、直接打击平台防空反导三类。在作战时，可通过不同的防空反导兵力和火力，分别执行点防空反导、面防空反导和直接打击平台防空反导的任务，三者的行动是有机结合的。其中，以直接打击平台防空反导的作战效果最为显著。

2.5.2 封锁与反封锁作战的指挥与控制

封锁作战，又称“饥饿战”，是一种通过阻绝被封锁对象与外界的交通、物流、人员流动等，切断其与外界的关联，达到“不战而屈人之兵”的作战样式。封锁作战在海战、陆战、空战中都存在，即海上封锁、陆上封锁和空中封锁，表现为海上封锁线、陆上封锁线和空中禁飞区，以及电磁信息屏蔽等形式。

在海上行动中，封锁作战主要是指海上封锁和空中封锁。根据封锁的形态和程度，海上封锁作战可分为海上有限封锁作战和海上无限封锁作战两种。海上封锁作战虽可以独立的形态存在，但更多的是配合政治、经济、外交及其他的军事行动。封锁作战往往与拒止、反介入等联系在一起。封锁的对象或区域包括海岛、港口、沿海的军事基地，以及海湾和海峡等。

封锁作战的目的、封锁内容、封锁范围、封锁程度、封锁时间、封锁形式、封锁手段、封锁效果等，是海上封锁作战的重点研究内容，也是作战能否取得成功的重要因素。例如：

- 在第一次世界大战期间，英、德两个欧洲国家都是自然资源极其匮乏的国家。仅粮食一项，当时英国每年的粮食产量只能满足国内 1/3 的需求，其余 2/3 需要进口；德国在第一次世界大战之前的粮食总储备量仅为 410 万吨，只能满足国内 1/4 的需求，其他如棉花、石油、橡胶、铜、锡等物品也极度匮乏，需要大量进口。这就使得双方不约而同地意识到战略资源补给是决定谁能取得战争胜利的关键，海上战略通道是决定谁能取得战略资源补给的关键。当时德国商船总吨位为 570 万吨，英国商船总吨位为 2280 万吨。为此，双方围绕海上战略通道展开了激烈的水面、水下的封锁与反封锁，以及破交与保交作战[12]。

- 在第二次世界大战中，封锁作战也是一种应用在太平洋战场上的重要形式。当时，日本 80%的油料、80%的铁矿石、24%的煤炭（90%是焦煤）、20%的粮食都需要通过海运进口。鉴于此，以美国为首的国家于 1945 年 3 月 27 日着手实施著名的“饥饿计划”，对通往日本本土的主要海湾和海峡进行大规模、全面的封锁作战，导致日本急需的石油、煤炭、铁矿石、粮食等战略物资严重短缺，极大地削弱了日本的战争潜力。
- 在 1982 年的英阿马岛战争中，英国对马岛（马岛的全称是马尔维纳斯群岛，又称福克兰群岛）实施海上封锁作战，先是对马岛周围 200 n mile 的海/空实施封锁，而后又宣布将封锁海域扩大到阿根廷大陆沿岸的 12 n mile 之外，最终有效地控制了制海权和制空权，为英国最后夺取马岛创造了条件。

封锁作战是一种针对性极强的体系作战。其关键是找出被封锁对象和目标的弱点。在封锁作战的指挥与控制过程中，需要的大数据包括封锁面积、被封锁对象的作战能力和潜力、被封锁对象的主要补给通道、被封锁对象可能采取的措施、被封锁对象可能实施的手段、被封锁对象的地理环境数据、被封锁对象的政治/经济/民生指数、被封锁对象的战略资源数据、被封锁对象的兵力、被封锁对象的作战空间体系网络、被封锁对象的兵器和平台性能参数、被封锁对象的国际地缘政治关系、国际舆论等。

相应的，在反封锁作战的指挥与控制过程中，需要通过大数据分析找出封

12 博戈列波夫. 封锁与反封锁[M]. 北京：海军学术研究所，1993.

锁者的弱点、反封锁作战的突破口，实施多域联合作战，瓦解封锁者的整个作战体系。在这一过程中，需要的大数据包括地理环境数据、封锁区域、封锁程度、相关的政治/经济数据、国际地缘政治关系、封锁者的战略资源、封锁者的作战体系、封锁者的行为规律、封锁者的网络和电磁空间，以及封锁者的兵力、兵器、平台的性能数据等。

不管是封锁作战，还是反封锁作战，都需要一个统一的、顶层的联合指挥机构。依据封锁和反封锁的对象范围不同，使用的兵力和采用的方法也不尽相同。

- 在空中，可划分禁飞区，进行争夺制空权的作战。
- 在太空，可通过卫星、警戒机进行侦察、监视和控制等。
- 在海面，可进行水面舰艇巡弋、封锁，以及弹炮攻防作战、岛礁作战、海峡通道护航作战等。
- 在水下，可进行潜艇作战，以及水雷、蛙人攻防作战等。
- 在网络和电磁空间，可进行网络对抗与电磁频谱作战等。
- 在国际政治、经济领域，可进行外交战、金融战、舆论战、新闻战等。

各种力量在统一的联合机构指挥下集成为一个高效的作战体系。通过大数据分析，封锁作战针对被封锁对象和目标的特点，综合运用各种封锁力量和手段，软硬兼施，打/封结合，灵活应用多种方式，形成立体、动态的封锁作战体系；反封锁作战则针对封锁者的弱点，破坏其作战体系。

2.5.3 登陆与反登陆作战的指挥与控制

登陆与反登陆作战是海上联合作战的一项重要内容。随着“由海向陆”的战略转变，以及“海上基地”的战略提升，登陆与反登陆作战成为一种海上联合作战的典型作战行动。

登陆作战是一种从海上占领、控制某个陆地领域，由海向陆进攻或背海向陆进攻的作战方式。防御一方通常会沿海岸要点构建坚固、绵密的纵深防御体系。在登陆作战的过程中，往往受到敌方预设的海洋、陆地、空中的层层打击，以及极其复杂的海上战场环境影响，包括极其脆弱的航渡和后勤补给等，因此，渡海登陆作战历来都是最为残酷的一种海上联合作战行动。例如，1915 年的达达尼尔海战，以及第二次世界大战期间的西西里岛登陆战役和硫磺岛登陆战役等，经常要为建立滩头堡而进行反复、惨烈的争夺。

相对于海军单一兵种的平面登陆作战，现代登陆作战通常利用多兵种、多方力量的联合优势，夺取制空权、制海权，突破单一线式平推的登陆方式，空中兵力在陆地机降、两栖兵力由海上登陆，从而跨越滩头的障碍。与此同时，还要隐真示假，创造突然性，并利用远程兵力和火力控制战场，阻止敌方支援，破坏防御体系。例如，1982 年，英国组织、实施了立体、联合的两栖登陆战役，一举夺取了马岛，将联合登陆作战推到了一个新的阶段。此后，联合登陆作战的理论和战法一直在持续发展之中。例如，使用远程导弹实施定点清除、空海联合、强制隔离、全面进攻等。

登陆作战的主要内容包括以下 4 个方面。

1. 争夺制信息权、制电磁权

登陆作战需要持续、有效的情报信息和后勤支援，包括登陆区域的海洋环境、地形、地貌、水文、气象，以及敌方防御体系、兵力分布等。海上联合作战行动的触角早已延伸到电磁空间、网络空间、信息空间和心理空间，尤以夺取制信息权、制电磁权为重。因为如果没有制信息权或制电磁权，制空权、制海权都将全部丧失，关键的侦察、预警、通信导航等信息都将变得不可靠，C^3I 系统也会变得十分脆弱。因此，在登陆作战中，首先应夺取制信息权、制电磁权，然后隐藏自身的作战意图，剥夺敌方的制信息权，压制、干扰、破坏、诱骗敌方的作战指挥信息系统，运用各种兵力、兵器和装备，使用各种方式和手段，获取信息优势。

在登陆作战的过程中，作战对象已从单个电子设备与平台对抗，发展到与整个联合登陆/反登陆作战体系的对抗，从单一模式对抗，发展到多模复合对抗，从软对抗为主，发展到软对抗和硬摧毁相结合。

总之，争夺制信息权、制电磁权已成为登陆作战前期的核心内容，并贯穿整个渡海登陆作战过程的始终。

2. 夺取制空权、制海权

在正式登陆之前或同时，往往是争夺制空权的战斗：在信息优势的支撑下，可通过空优作战、定点清除作战、防空作战，消灭或压制敌方空中的作战力量，夺取制空权，进而夺取制海权；消灭敌方的水面舰艇编队，消灭或压制敌方的水下力量，包括反舰水面战、水雷战、潜艇战等。

3. 实施渡海登陆作战

在空基、陆基的共同配合下，可最大限度地摧毁或压制敌方的固定平台、机动平台和作战力量，从空中和水面实施渡海登陆作战，消灭敌方岸基的作战力量，建立岸上的稳固阵地。

4. 实施陆上作战

陆上作战是整个渡海登陆作战的最后一环，也是扫尾阶段，主要是消灭敌方的残余兵力，巩固登陆作战的成果。

成功实施登陆作战的关键是进行充分的前期情报研究和大数据分析工作，包括海洋环境（如潮汐对登陆的影响）、敌方作战体系的活动规律等，应掌握登陆区域的地理环境、气象特点、水文特点（如潮汐规律），以及敌方反登陆作战的指导思想、敌方的兵力和武器配置、敌方的防御重点、敌方防御的关键节点和脆弱点，进而采取恰当的作战方式和手段，选择合适的登陆时机、地点和措施等。

从本质上讲，反登陆作战是防御性的（登陆一方掌握最初的作战主动权，可自由选择登陆时机和地点）。反登陆作战的关键在于尽可能准确地预判敌方可能的登陆地点和时间，掌握渡海登陆的动向和整个后勤支援体系，破坏渡海登陆的作战体系，实施“釜底抽薪”，切断兵力和后勤补给的来源通道……前期的情报和大数据分析是反登陆作战的核心，应联合各种防御兵力夺取制空权，适时实施反击，摧毁敌方的登陆作战能力，通过固定和机动作战相结合的方式击敌于未动、攻敌于海上、歼敌于半渡、灭敌于滩涂、围歼于内陆。

2.5.4　反潜与驱潜行动的指挥与控制

在海上行动中，潜艇作为一种强大的水下作战力量，可以发射各种鱼雷、水雷、反舰导弹、远程对陆攻击巡航导弹等，实施特种作战。例如，在第一次世界大战期间，英国在大西洋贯彻“封锁+决战”的思想，运用强大的海上力量对德国实施封锁，不断击沉德国在海外的船舶，切断其海上战略通道。为此，德国开始了无限潜艇战，运用潜艇在水下对英国及其他协约国的船只进行攻击。在整个大战中，德国的潜艇参加 1700 余次战斗，共击沉英国及其他协约国的运输船达 1372 万吨，致使英国的海上交通线几乎处于瘫痪状态。在第二次世界大战期间，德国进一步创新出著名的潜艇“狼群”战术，可在极短的时间内以很小的代价击沉大量船只。仅 1942 年，就击沉了各类舰船和商船 1000 多艘。

由于潜艇具有隐蔽性和突然性，使得其对水面舰船、沿岸、港口、交通水道，以及陆地上的重要目标等都具有巨大威胁。如果潜艇被恐怖主义和海盗使用，则后果将是不堪设想的。因此，反潜与驱潜是海上行动中的一项非常重要的任务。近年来，由于海洋争端的加剧及潜艇技术的扩散，各种潜艇活动越来越多，水下作战和反潜作战的对抗形势加剧。

潜艇最大的特点就是隐蔽性。一旦发现潜艇，则借助水上力量对水下潜艇的打击优势，基本可解除潜艇的威胁。因此，反潜与驱潜的首要任务和关键就是发现潜艇，包括获取敌方潜艇的种类、数量、性能、特点、活动规律、使命、任务、母港位置、现时状态、可能去的海域、可能位置、实时位置。因一般水面舰艇的视距边界小于潜艇的视距边界，导致水面舰艇对潜艇的发现和有效打击边界小于潜艇对水面舰艇的发现和有效打击边界。因此，如果想令海上反潜与驱潜作战取得有利态势，唯一的手段就是建立战略和战术、战术和技术相结合的一体化网络情报、侦察和警戒体系。海、空多平台潜艇攻防作战示意图如图 2.10 所示。

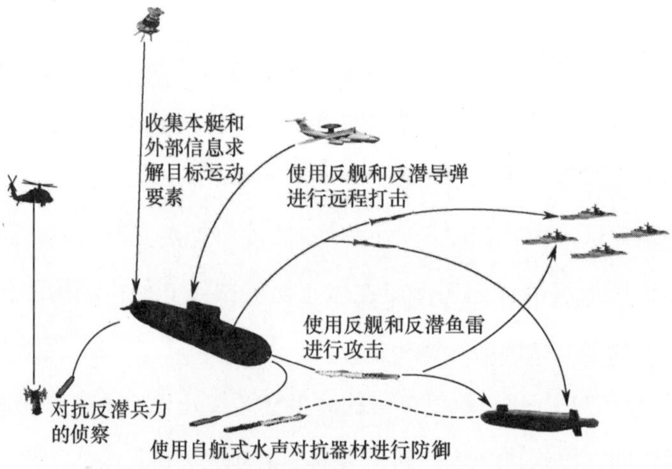

图 2.10　海、空多平台潜艇攻防作战示意图

通常情况下，反潜与驱潜作战是一种由远、中、近，以及高、中、低互相

搭配的多种类反潜与驱潜兵力/兵器，综合运用卫星、预警机、反潜侦察机、反潜直升机、反潜水面舰艇、反潜潜艇、水下监听系统进行立体、多维的反潜行动。所有这一切均构成了一个庞大的反潜与驱潜作战体系，以及一个疏而不漏的反潜网络：高空有卫星和预警机进行预警、探测；中、低空有反潜飞机、反潜直升机实施反潜探测、定位；海面有驱逐舰、护卫舰等对潜艇实施搜索、跟踪；水下有反潜潜艇、固定监听器进行水下监听、机动搜索。

应用大数据进行反潜与驱潜行动的指挥与控制过程主要是运用大数据手段预知、侦察、获取敌方潜艇目标的状态信息和活动信息，通过各种社会政治情报、互联网情报、人工情报、海洋监视情报、天波情报、卫星情报、战术和技术情报，得到敌方或威胁方的潜艇类型、数量、技术参数、状态、使命、任务、活动范围、活动规律、目标潜艇所在位置和所在航线等。整个行动的指挥与控制过程也是一个大数据工程，包括战略性情报、战术性情报、技术性数据等。

- 战略性情报：包括潜艇的母港数据、潜艇种类、潜艇的特性参数、潜艇的使命和任务、潜艇的活动范围、潜艇的活动规律、海区海水的特性数据、近期敌方或威胁方的地缘政治活动、政治/经济贸易情报、军事意图、新闻舆情信息、海上航运，以及相关海峡通道的情况等。
- 战术性情报：包括海区的海洋特性、目标潜艇的活动规律、潜艇的航线、潜艇的当前位置、潜艇的航迹特性、潜艇的速度、潜艇的加速度、潜艇的潜深等。
- 技术性数据：包括海流、潮汐、水面风场、海浪、水温、盐度、密度、潜艇的噪声水平、潜艇的噪声声纹、潜艇的磁场分布及变化、潜艇的辐射频谱等。

通过陆地、海洋、空中、太空、电磁、心理等方面的大数据，可完成重点海区和疑难海区的声场分析、声呐作用距离预报、目标威胁特征分析和战场形势分析。通过业务化模型和模拟系统（COMPASS）对浅海和深海的温度、盐度、海流、跃层、潮汐、声场进行快速预报与模拟，可应用于反潜与驱潜作战、反水雷战及两栖作战等。

对于潜艇的攻击，在远程时，主要由舰载重型直升机或火箭助飞鱼雷负责；在中程时，主要由舰载轻型直升机和火箭助飞鱼雷执行；在近程时，主要由舰载管装鱼雷和火箭深弹执行。因此，在打击空间和手段上实现了多维一体的反潜，扩展了舰船作战系统对潜艇的视距边界和打击边界，突出了空中力量（如直升机）对潜艇搜索、跟踪和打击方面的优势。

从广义上讲，立体反潜与驱潜行动包括防御性警戒行动和进攻性搜索行动。其作战对象不但包括潜艇，还包括各种有/无人的潜航器、蛙人、鱼雷、水雷，以及水下的各类军事设施（如水听器、海底电缆等）。在攻击时，按远程、中程、近程的作战顺序，在海上、空中组织兵力和兵器，灵活运用“诱”“攻”“驱”“搜”等战术手段和方法，遵循“先制”作战原则和“后制”作战原则，充分利用水上/水下信息的不对称性及整体作战的效能，谋局造势，获取反潜作战的有利态势。

总之，反潜与驱潜行动运用互联网情报、社会情报、人工情报、天波情报、卫星情报、技术情报等，扩大了情报、信息和数据的应用范围，充分挖掘和发挥了大数据的作用。

2.5.5 护航与反海盗行动的指挥与控制

海上航运保护是一种典型的非战争性军事行动。随着全球经济的发展和海洋活动的日益频繁，海盗和海上恐怖主义活动逐年增加。此外，有组织的海上走私、海上犯罪等也对海上航运构成重大威胁。根据国际海事局报告中心的统计资料显示，1994 年的全球海盗活动约为 90 件，1998 年上升为 228 件，2018 年全球共发生 241 起海盗事件，较 2017 年上升了 63.9%。仅在 2008 年 10 月 1 日，索马里海盗曾 4 次劫持过往商船，创下了历年来海盗单天劫持商船的最高纪录。

海洋运输是国际贸易中最主要的运输方式，即超过 2/3 的国际贸易是通过海运完成的。据不完全统计，目前全球有 1000 总吨以上的干散货船约 5700 余艘，分布在全球数百个船务公司。其中，中国内地的船务公司拥有 579 艘，载重 2440.5 万吨；香港地区的船务公司拥有 261 艘，载重 1819 万吨。中国内地和香港地区共有运力 4259.6 万载重吨，占全世界的 14.4%。中国航运已开辟远洋运输航线 30 多条，连通全球 150 多个国家和地区的 1200 多个港口，远洋船队规模居全球第 5 位，运输通道涉及台湾海峡、马六甲海峡、印度洋、阿拉伯海、苏伊士运河等诸多海上战略交通要道。此外，我国在海外投资、海外市场、海外资源基地和海外劳务输出的规模大幅增加，在国外设立的独资、合资航运企业和办事机构已达数百家，承运的第三国货物比重日益提高。因此，我国的运输航线多样，所经过的海域和地区复杂。

海盗经常采用“狼群”战术和海上游击战术，通过尾随、跟踪、设置陷阱、突然袭击等多种手段对海上目标进行攻击、掠夺和绑架。海盗行为具有出没突然、行动诡谲、不定时、不定期等特点，对船舶、船员和国际航运的威胁巨大。海上护航行动的主要目标包括：

- 确保船舶中的人员安全、物资安全、航行安全，最终顺利抵达目的地。
- 确保海上航行有序，保障海上经济贸易活动能够顺利开展。
- 保障船舶通过的海域和平稳定。

由此可见，海上护航兼有反海盗、反恐、反海上犯罪、维护和平等多重使命。在海上护航行动的指挥与控制过程中，通过大数据分析功能可显著提升传统护航行动的效能，将多重任务融为一体，通过有计划地组织护航编队来实施高效的护航行动，以预防、警戒、武装打击、合作等多种方式和手段震慑和消灭海盗行为，剿灭海上恐怖主义及其他海上犯罪活动。

在海上护航行动的指挥与控制过程中，主要应用的大数据包括：

- 航线相关海域的地理环境、气象、水文，以及周边国家和地区的社会状况、政治状况、经济状况、民风民俗、教派、历史文化等。
- 航线过往船舶的数量、种类、活动频率、活动规律等。
- 护航船舶的类型、数量、航线、行动特点等。
- 海盗的分布区、海盗的活动规律、海盗的行为特点、海盗的常用载具和武器装备等。
- 航线相关地区的政治情报、经济情报、军事情报、恐怖袭击情报等。
- 航线相关地区的社会情报、市场情报、网络信息等。
- 航线相关地区的侦察情报、监视情报等。

2.5.6　海上应急救援行动的指挥与控制

海上应急救援是指海上发生灾变时所进行的紧急救援活动。其目的是控制紧急事件、灾难的发生规模，最大限度地保护人员和财产安全，维护周边的环境和地区稳定。在人类的海洋活动中，由于自然、人为等各种因素多发，随时可能导致一些突发性事故，如海上钻探平台倒塌、海上船舶碰撞或搁浅、飞机坠海、海上火灾、台风袭击、海上人质劫持、海上污染、突发性人员疾病等，都需要展开海上应急救援行动，以最大限度地减少损失，消除影响，并组织恢复周边的正常状态。

海上应急救援也是一种典型的非战争性军事行动。海上应急救援体系包括海上应急救援组织体制、运行机制、法律基础和保障体系等几个部分。在海上应急救援的过程中，需要各职能部门互相沟通、协作，需要跨国界、跨地域、跨部门的各种力量互相协作，以便做到“及时了解、快速反应、准确决策、统一调度、妥善处置、全程监控”，需要一个统一的机构实施高效的指挥、控制与管理。

海上应急救援组织体制是针对海上紧急事故的组织体制，其目的就是形成功能齐全、协调一致、运转高效、反应灵敏的应急机制，从类型上区分，有国际和地区性的海上应急救援组织体制，有国家和省（州）市的应急救援组织体制。例如，我国的海上应急救援组织体制就是一个包括国家、省（直辖市/自治区）和市县，军队、海警和地方垂直沟通，各职能部门横向彼此勾连的庞大组织动员体系。

由于海上的各类事故、灾害、事件具有突发性、复杂性、迅速变化性，所以，海上应急救援行动应能做到早发现、快速行动、预先准备、实时评估。大数据海上应急救援具有天然的优势，即通过大数据分析，可掌握以下情况。

- 重点海域的海况、天气预报、地震预报、关键目标的位置和状态、周围环境。
- 预先根据历史和现实情况，针对各类海上事故部署应急救援预案。
- 在第一时间形成一致的现场状况图。
- 分析事故情况、事故性质、发生地点、发生原因。
- 提出救援路线、救援手段、救援装备、估计救援所需时间、评估救援效果。

在海上应急救援行动的指挥与控制过程中，应用的大数据主要包括：

- 海洋地理环境数据。
- 海峡、水道、地震带的分布数据。
- 相关海域的地质、地貌数据。
- 相关海域的气象、水文及其特点数据。
- 相关海域的海底电缆、管线的分布数据。

- 海上各类人工建造物的类型及其分布数据。
- 相关海域航线的分布数据。
- 过往飞机和船舶的数量、类型、频率、活动规律数据。
- GPS 数据、海洋监视卫星数据。
- 海洋磁场、声场的变化数据。
- 各类船舶、飞机的航行动力数据。
- 相关设备的运行状态数据。
- 恐怖袭击的情报数据。
- 机场、港口的活动数据，相关人员的活动数据。

第 3 章

基于云计算和海洋大数据的联合作战指挥与控制

传统的指挥与控制主要依靠有限的情报、信息和模型，通过自上而下的各类指挥机构实施指挥、控制与决策。目前，多种力量联合作战已成为海上行动的主要形式。联合是一种作战思想，要求在作战体系的基础层面提供一个互动、关联的平台，以及信息交流与知识共享的环境。基于该平台，分布在不同地域、领域的各级作战指挥中心，以及武器系统、作战单元等所有必要的信息源互相连接，形成一个一体化的网络作战体系，实现空–海之间、岸–海之间、海上编队内部间的互联、互通、互操作。其作战要素可在不同层级上自由聚合，在不同的层次和方面综合集成，根据不同需要构建不同规模和能力的任务系统，从而提高作战效能和生存能力。

随着大数据时代的到来，大数据成为客观知识世界的主体，进而成为指挥与控制的主体。如何基于大数据在海洋、陆地、空中、太空、电磁等多域体系的作战空间，实施多种任务、多种力量参与的联合行动，以及运用多种作战策略，提升指挥与控制的能力和效能呢？

本章基于云计算和海洋大数据，介绍针对联合作战指挥与控制的功能模型、体系架构、关键技术、活动内容、活动过程、指挥体制与控制机构。通过在客观知识世界中挖掘客观物质世界和主观精神世界的价值信息来构建知识和智能系统，用以指挥与控制海上行动，最终建立服务于云作战的大数据应用生态系统。

3.1 云计算

数据是资源。如何盘活数据资源，挖掘其中的价值，使其为国家治理、企业决策、战场指挥乃至个人生活服务，是现代大数据的核心议题。传统的数据处理已无法满足对海量异构数据的深度分析需求。云计算以其“集约化、共享化、动态化”的原则，突出的信息管理、分布计算、分散存储、网络协作、软/硬件资源的服务和调度能力，可跨组织、跨网络满足各种计算和应用需求，挖掘更深层次的规律，形成更高层次的见解和认知，进而对未来可能发生的事情进行预测。

3.1.1 云计算概念

“云”是一种计算模式。“云”这一术语来源于网络拓扑图。由于最初在IT设施和服务中，人们习惯将互联网表示成一朵云的形状，因此这种互联网计算又被称为“云计算”（Cloud Computing）。自1946年世界上第一台计算机诞生以来，计算模式从单机集中向多机分散方向发展。其中，客户/服务（C/S）是一种典型的分布式计算模式。由于互联网技术的深入发展，客户/服务（C/S）模式不断迭代为广域的Web计算模式（B/S），因此互联网与动态可伸缩业务模式的高效、有机融合，催生了“云计算”——可按需求提供分布、高速、并行计算的方式。其实质是从以客户/服务（C/S）模式的体系结构向以服务器为中心（Server-Centric）或以数据为中心（Data-Centric）的体系结构转变，是一个计算模式由集中到分散、分布，再到新的集中的转变过程，也是一个螺旋式的发展过程。

云计算是一种基于网络、分布可扩展的广域计算模式，是对并行计算、分布式计算、网格计算的融合与发展。从广义上讲，云是一种动态的、易扩展的，通过网络提供虚拟化资源的应用方式，用户不需要了解其内部的实现细节，就可以实现强大的计算功能。从狭义上讲，云是一种 IT 基础设施交付和使用的新模式，建立在网络基础之上，以按需、易扩展的方式来获取所需的所有计算资源（硬件、平台、软件）。这种应用把许多分散的资源、能力通过网络综合起来，为用户提供无所不在的应用。这种提供资源和能力的网络被形象地称为云。

计算资源的集中化和虚拟化、任务系统的服务化是应用系统的发展潮流。在大数据时代，传统的数据存储、移动、处理能力越来越无法满足需求。云计算以虚拟化技术为基础，以网络为载体，可整合大规模的计算、存储、数据、应用等可扩展资源进行协同工作，并通过将任务分解、分布在由大量的计算资源构成的资源池中，使用户能随时、随地、按需获取计算力、存储空间、信息知识服务，可提供基础架构、平台、软件等的通用环境。云计算扎根于开源社区，融合了效用计算、面向服务等概念，能迅速处理大数据时代的挑战。2011 年以来，多个国家陆续颁布了各自的云计算战略，加速向云计算转型。随着云计算的持续升温，各商业公司也基于云计算的多个层面，推出各种云计算产品和服务。

相对于非云计算而言，云计算具有以下突出特点。

1. 资源共享，计算能力强

规模和结构效应是云计算的显著特点。开放式的云架构能将可能接入云端的所有计算资源、存储资源组织在一起，构成资源共享的计算资源池、存储资源池，通过分布式并行处理和协同调度，为大数据的任务计算、存储、管理提供无比强大的计算能力及几乎无限大的空间。例如，Google 公司的云计算拥有 100 多万台服务器；Amazon、Yahoo 公司的云计算拥有数十台服务器，具有强大的计算能力和存储通信空间。

2. 快捷弹性，便捷易用

快捷弹性是指云计算具有按需对资源进行上、下扩展和伸缩的能力，即云计算的规模、结构、数量，在逻辑上可以动态伸缩、虚拟变化，可满足广域网络访问，适应用户不断增长的需求。在用户看来，云中的资源和能力是可以无限拓展、随时获取、便捷易用的。

3. 透明化，按需自助

云计算支持用户的移动性，即不管用户在什么位置、使用何种终端，用户都可以随时按需获取云服务。用户不必关心资源在哪里、如何部署、如何计算，只需要把自己的需求告诉云，即可得到所需的服务，甚至预先得到所需的服务。与此同时，云计算对应用没有限定，即在云的支持下，用户可以使用、运行各种不同的应用。

4. 可靠性高

云计算由多个互相独立的计算机网络构成，任何单一的计算机发生故障或损毁都不会影响整个云的运行。由于云计算采用了计算机集群、数据多副本冗余，以及计算机节点同构、可互换等技术，因此云的可靠性非常高，甚至比使用本地计算机更为可靠。

5. 服务可计量

服务可计量是在提供计费、访问控制、资源优化、能力规划等服务的过程中必不可少的属性。在云计算中，服务是由云提供商控制和检测的。云提供商可根据云计算的体系结构和运行模式，利用某一抽象层次上的某种类型服务

（如存储、带宽、活动用户数量等）的计量能力，自动控制、优化资源的使用情况。

3.1.2　云计算模型

云计算集中体现了“三个世界”的理论思想，即以数据（知识）为中心，将各种应用完全集中在云端的数据处理能力和存储能力之上。云计算的根本目标是在用户、云伙伴和云提供商之间共享资源。当云集中了作战资源、计算能力、存储能力和相关环境信息之后，便具有了相应的任务能力。其中，智能代理是用户和云提供商之间的中介，主要工作包括提供中介服务、聚合服务和套利服务。

根据使用对象和使用目的不同，云可分为私有云和公共云两大类。

- 私有云只被某类特定用户使用，并且仅用于该类用户的特定领域，包括社区云（Community Cloud）、行业云（Industry Cloud）和个体小云（Cloudlet）。
- 公共云向所有许可的公众开放，可应用在公共领域和公共服务中，是一种巨型的社会-技术网络（Social-technical Networks）的基础设施。

根据云的属性不同，云可分为战略云和战术云。根据云的应用领域不同，云可分为防空反导云、反潜云、海上应急救援云、后勤保障支援云等。

两种及两种以上云设施的组合被称为混合云。混合云保留各自实体，通过标准或专有技术捆绑在一起，以实现数据和应用的可迁移性，实现云之间的负载均衡。

在应用上，云计算按照“递阶演化”的原则进行分层抽象。云计算模型如图 3.1 所示，可分为基础设施级服务层、平台级服务层、应用级服务层。

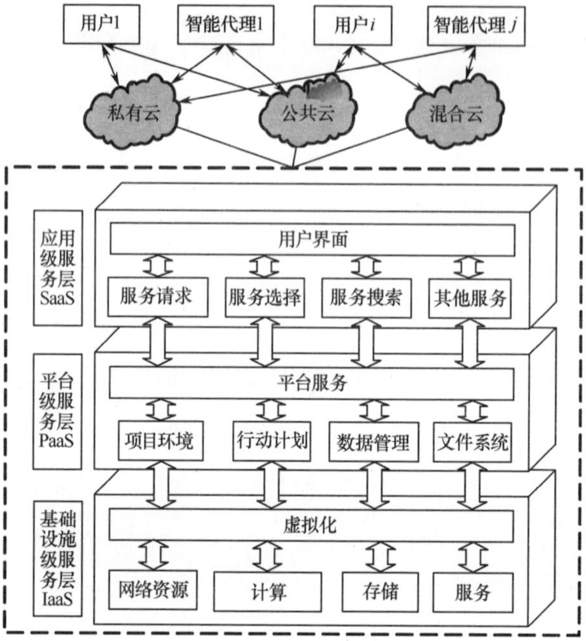

图 3.1　云计算模型

- 基础设施级服务层（IaaS），构建在物理硬件资源之上，通过虚拟化技术为用户提供基础的网络、计算及存储资源。
- 平台级服务层（PaaS），提供了云计算应用程序的开发、部署和运行环境，以及面向海量数据的管理等服务，通过封装底层实现，用户可以透明化地部署其分布式应用。
- 应用级服务层（SaaS），作为面向用户的应用软件服务接口，提供按需、动态、可靠的广域服务。应用级服务层的接口包括用户接口和应用程序接口。

与基础设施级服务层（IaaS）、平台级服务层（PaaS）和应用级服务层（SaaS）相对应的是三种服务模式：基础设施级服务、平台级服务和应用级服务。

1. 基础设施级服务

基础设施级服务，即基础层向用户开放，提供处理、存储、网络、中间件等基本的计算资源。在这些基本的计算资源之上，用户可部署、运行任意软件，包括操作系统和应用程序等。用户不必管理或控制基础的云设施，对操作系统、存储设备，以及部署的应用软件拥有控制权，对某些联网设备，如主机防火墙等，也拥有有限的控制权。

2．平台级服务

平台级服务是指云计算向用户提供的各种应用环境。用户可通过应用环境来部署、控制、运行自己的应用软件。用户对云计算提供的应用环境拥有有限的控制权，不能控制在其上运行的操作系统、硬件和网络基础设施等。这里的“平台”是指云计算应用框架。

3．应用级服务

应用级服务，即云计算向用户开放的各种应用软件。用户可通过互联网使用各种应用软件，修改应用软件的相关参数配置，不能控制在其上运行的操作系统、硬件和网络设施。

由此可见，云计算将所有资源分布在由大量计算机构成的资源池上，借助IaaS（基础设施级服务层）、PaaS（平台级服务层）和SaaS（应用级服务层），通过网络向各类用户及智能代理按需提供各类服务。

3.2　海洋大数据处理

海洋大数据是海上行动的宝贵资源，具有多层次、多方面的价值。不同的行动、不同的层次需要不同的信息、知识和数据，需要不同的处理方式，需要在恰当的时间、恰当的地点，以恰当的方式将恰当的信息、知识和数据提供给恰当的用户。

3.2.1 海洋大数据的处理内容和处理要求

大数据的优势之一是全息性和整体性。海上行动需要指挥与控制系统和作战人员在多维空间下对战场态势及其变化做出快速而正确的反应，包括作战方案和行动策略（进攻策略、防御策略及机动策略）。多平台的海上联合作战还要面临多个作战主体联合决策与协同、时敏目标打击等问题。所有这些都需要作战实体和平台具有快速进行态势感知和认知的能力，以及科学的决策能力，特别是在信息不完整情况下的科学决策和灵活反应能力。

在获取信息的过程中，若信息过多，则会造成灾难，有时比没有信息更坏；若信息过少，则会难以进行决策和控制；若敌人发出有意误导我方的信息，则可能导致我方做出错误的判断；若得到的信息冲突，则会让人无所适从……如何去粗取精，获得精确信息呢？如何去伪存真，获得真实的情报呢？由此及彼，由表及里，获取所需要的知识和信息，及时满足不同行动的任务和目标需求，正是大数据分析的价值所在！通过大数据分析，不仅能够获得及时、准确的情报、信息和数据，而且还能对战场态势的发展和敌方未来可能采取的行动进行分析、预测。

1．处理的内容

海上行动涉及兵力、火力、侦察、机动、后勤等诸多决策分析的内容。指挥与控制系统需要实时感知战场空间、智能认知和理解战场态势、进行作战筹划和任务规划、进行博弈推演和态势评估、识别目标意图、对目标进行精确定位与打击，以及进行战场管理与支援保障。海上行动，特别是多平台的海上联合作战，需要各作战单元和要素高度融合，达成实体间的协调与行动同步，要求指挥与控制系统提供满足不同层级、不同用户需求的一致战场态势图，并为各平台提供集成的作战规划、评估、支持工具及服务。

传统的指挥与控制系统通过建立各种模型（如各种物体的运动模型、指挥决策模型等）进行指挥与控制，在实际应用中将会面临诸多矛盾：

- 一是很难获取最佳决策信息与指挥人员拥有大量原始信息之间的矛盾。
- 二是指挥人员在指挥决策活动中的主导地位与主观决策失误之间的矛盾。
- 三是指挥决策的复杂性与时效性之间的矛盾。
- 四是指挥决策的多解性与寻求最佳决策之间的矛盾。

在大数据的背后隐藏着现实世界的知识和信息。大数据处理的主要任务包括：

- 一是实现对海上联合作战态势的正确理解，获得预见性的战场空间感知，以及及时的态势感知、认知。
- 二是对未来行动做出正确决策。

在分布式检测、战场目标综合识别、作战空间感知、态势智能认知、作战指挥与决策的过程中，大数据需要处理来自海上、空中、太空、水下和地面的各种情报、信息和数据，特别需要对影响战斗力的人、武器装备和战场环境等诸要素进行大数据挖掘和分析，包括作战平台、作战人员、武器装备、后勤保障装备、通信网络、导航设备、目标、使命、任务、战场环境和空间等方面的情报、信息和数据。大数据分析通过对大量相关和不相关的数据进行时空属性分析，对数据进行归类、关联，揭示数据之间的内在层次和联系，发现隐藏在背后的知识和特征，并进行推演，对于数据的变化，则需要分析数据变化的原因，跟踪数据的变化过程，以便进行综合评估。

下面将从战略环境与基础信息分析、作战空间和战场态势智能感知、作战空间和战场态势智能认知、目标意图识别、智能决策支持、行动效果评估、管理与后勤保障信息等方面介绍海洋大数据的处理内容。

（1）战略环境与基础信息分析

战略环境与基础信息分析主要包括战略环境分析、基础海洋环境分析、海上联合作战环境分析、敌我双方的人员装备数据和信息分析、支援信息分析和保障信息分析等。

- 战略环境分析：包括某一区域的海洋地缘政治、环境及地理状况；某一区域的政治环境、经济环境及国内外舆论导向；现有的和潜在对手的海洋发展战略和目标；现有的和潜在对手的战争能力、战争潜力及后勤保障情况。
- 基础海洋环境分析：包括海洋物理、化学、生物等环境数据（例如，温度、盐度、密度、声速、重力场、磁力场、海流、潮汐、水色、透明度、噪声、混响、尺度特征、跃层参数、汇聚区参数等），海洋大气环境数据（例如，云、雾、气温、降水、湿度、台风等），海洋地理环境数据（例如，海域地质、地形、海岸线、岛礁、禁区、领海、人工设施等）。
- 海上联合作战环境分析：例如，在某一区域进行海上联合作战时，该区域的地形、地貌、地质、岛礁、海岸线、气象、水文、电磁环境、人工建造物、港口、机场、军事基地等。
- 敌我双方的人员装备数据和信息分析：包括敌我双方的作战人员、作战平台、作战装备、支援保障装备的数量、类型等数据，敌方领导者和主要指挥官的性格、能力、思维模式、行为方式等数据。
- 支援信息分析和保障信息分析：通过支援信息分析和保障信息分析，可为海上行动和持续行动提供数据支撑和后勤保障服务。支援信息分析主要包括天基支援信息分析、电磁对抗大数据分析、通信导航大数据分析、网络信息大数据分析等；保障信息分析主要包括物资保障数据分析、技术保障数据分析、勤务保障数据分析等。

（2）作战空间和战场态势智能感知

作战空间和战场态势智能感知是指获得预见性的战场空间感知，实时分析相关环境（包括地理、水文、气象、电磁和人文环境）和约束条件，进行跨域多元态势的认知计算和智能学习，准确判断正在发生的情况，预测事态发展的变化趋势，分析敌人的意图和目标等。

- 作战空间智能感知：基于遥感观测、GPS/北斗卫星导航系统、无线网络传感器、射频识别器、移动感知测量设备等输入信息和大数据分析，感知海上联合作战的作战空间和环境空间，可实现战场环境信息的空间查询与分析、环境信息的作战敏感特征参数提取、航行路径分析、可探测区域分析、空间距离的测量与计算、面积（体积）的测量与计算等，从而为智能化作战提供决策支持。
- 战场态势智能感知：包括协调传感器生成满足作战需求的可用信息；感知不同作战行为的时空关联，以及不同时空、不同尺度、不同行为之间的复杂关系；感知力量部署、行为状态、行为意图、交战情况、局势优劣等；聚焦海上联合作战的目标和事件，生成动态、多层、一致的战场画面。

（3）作战空间和战场态势智能认知

在作战空间和战场态势智能感知的基础上，基于使命、任务和敌我目标，可将兵力分布、战场环境、敌我双方的机动性、作战能力、具体事件等有机地结合起来，去粗取精、去伪存真，对敌方的兵力、敌方的战略战术、敌方的行动意图、敌我双方的战场形势进行准确判断，分析不同作战行为时空关联关系和不同时空尺度行为之间的复杂关系，智能地对作战单元间的行为关系、行动意图、目标价值、力量强弱、潜在可能、局势优劣等当前战场态势进行分析、推演，准确识别敌方的企图，预测敌方可能采取的行动，以及行动的预期结果和战场局势的未来变化。

作战空间和战场态势智能认知主要包括：

- 通过大数据深度学习、分析来掌握各种关系、联系和规律。
- 进行平行仿真推演，对各种可能性及后果进行预测、评估。
- 应用深度强化学习等分析手段，智能认知和理解战场态势，对态势演化进行分析和判断。
- 利用不确定性推理、Bayes 估计、元强化学习等方法，克服不完全信息和小数据情形。

（4）目标意图识别

目标意图识别是指根据不同的使命、任务，结合战场态势、目标类型、目标类别、目标状态及正在发生的事件，融合不同来源的资源信息和数据，应用模糊逻辑推理、DS 证据推理和智能学习等技术，对目标意图进行综合识别、预测和判断，对敌我双方的平台、武器系统、行为规律进行深度分析。

（5）智能决策支持

海上行动具有强烈的对抗性、模糊性、非线性和不确定性。作战的指挥决策相当于敌我双方从不同的视角，在不同的场景，对同一问题进行学习、互动、博弈、求解。在复杂的海上联合作战环境下，作战决策尤其需要对所有的过程、因素、结果进行有预见性的思考和策略选择。只有将技术思维和艺术思维结合起来，才能使作战的指挥决策进入较高层次的智能化阶段。

以深度强化学习为代表的智能决策支持可以根据对当前环境和状态积累的学习结果，执行用于平衡全局胜负的局部最优响应或动作，并评估相应的回报，计算当前行为对任务目标的贡献值，进而实现对态势演化的分析和预测。以深度强化学习为代表的智能决策支持需要应用大数据分析、基于值函数和策略梯度的智能决策分析技术及自主决策理论，特别是在不完全信息条件下的自主决策理论。

例如，分布式决策支持系统利用专家系统、决策模型、学习机制和分布式数据库，不断地观察和处理来自战场上的各种情报和信息，并将其与已有的知识和信息互相结合，在博弈推演、态势判断的基础上制订策略，通过反馈不断地学习，不断地适应新的环境和竞争信息（知识可分为两类：一类是全局知识，代表所需解决问题的方向；另一类是局部知识，提供解决具体问题的途径）。2007 年，美国国防部高级研究计划局提出了"深绿"计划。该计划的核心思想是应用大数据，将人工智能（AI）引入作战辅助决策系统。该系统不仅可应用大数据对未来的多种可能进行快速仿真与推演，预判敌方可能采取的行动，而且还能够根据战场的实时信息和数据不断更新预判。

（6）行动效果评估

行动效果评估是指基于反馈，收集战场态势的变化数据、现场观察数据及人工情报，进行实时或线下的行动效果评估。

（7）管理与后勤保障信息

管理与后勤保障信息包括战场管理、物资调配、后勤保障等方面的信息、情报和数据。

2. 处理的要求

根据海上行动的目标任务需求及特点，海洋大数据的处理应能够及时地从海量大数据中提取、得出所需要的信息、数据和知识，包括特定的、前瞻性的信息和知识，按类、按需进行实时处理、预先处理和备用。海洋大数据的处理应包括预先分析、全源信息融合、按需分发、实时共享，提供最少的足够可靠的情报信息和精确数据，甚至能够提前推送相应的情报。

对于海上行动的指挥与控制而言，由于反应速度已成为作战制胜的关键因素，因此海洋大数据处理的系统性、及时性、精确性已成为基本要求。

- 系统性：在大数据的处理上，要求满足系统性。
- 及时性：在大数据处理的速度和节奏上（例如，在海-陆作战、陆-海作战时要匹配空-天作战的速度和节奏），要求满足及时性。
- 精确性：在大数据处理的质量上（例如，火力控制类质量、指挥与控制类质量、规划类质量、保障类质量），要求满足精确性。

3.2.2 海洋大数据的处理方式

人类的海洋活动涉及政治、经济、军事、外交、社会的方方面面，跨越战略、战役、战术的多个层次，需要各种数据、信息和指令。由于任务具有多样性，以及作战行动具有博弈性，因此，无论对单个实体还是云端应用来说，目标、环境、任务随时都可能发生变化，需要动态地满足各个用户、目标和任务的需求。对于新型的云作战，其核心是跨界协同、深度融合。大数据的根本意义就在于提供并挖掘数据内部具有发现性、机会性、指导性价值的模式或知识，可用于发现、印证、跟踪、综合、预测、决策和评估等后续活动。下面将从处理方法、信息处理架构、信息处理流程三个方面对海洋大数据的处理方式进行介绍。

1. 处理方法

（1）智能信息融合

海洋大数据的来源广、格式多、数据量大、信息复杂……智能信息融合就是在有限的时间、空间和资源的约束下，在作战体系层面根据各类情报、信息和数据，依据不同用户、目标、环境和任务的变化，智能地调配资源，动态地选择和优化融合过程、方式和手段，有针对性地获取并处理大数据，用于指导信息融合过程中各层次信息的抽取，及时按需满足用户的各种信息和知识需求。智能信息融合起源于多传感器互联。实际上，智能信息融合是一个非常泛化的概念，发生并属于广域的客观知识世界。

对海洋大数据进行智能信息融合的处理内容如图 3.2 所示，可分为战略/高层信息融合、战役/中层信息融合、战术/低层信息融合，处理内容包括传感器大数据、人工情报大数据、媒体舆情大数据、专家知识大数据，主要用来分析社会、政治、经济、文化、外交信息，人员活动信息，重要平台活动信息，装备、设备、兵器的状态与运行信息，通信、指挥信息，以及各类控制信息。智能信息融合按需生成战略信息、战略背景信息、战役信息、战场态势信息及战术技术信息，并对未来世界的发展形势进行预测，以便提供战场感知、战场预警和指挥决策。

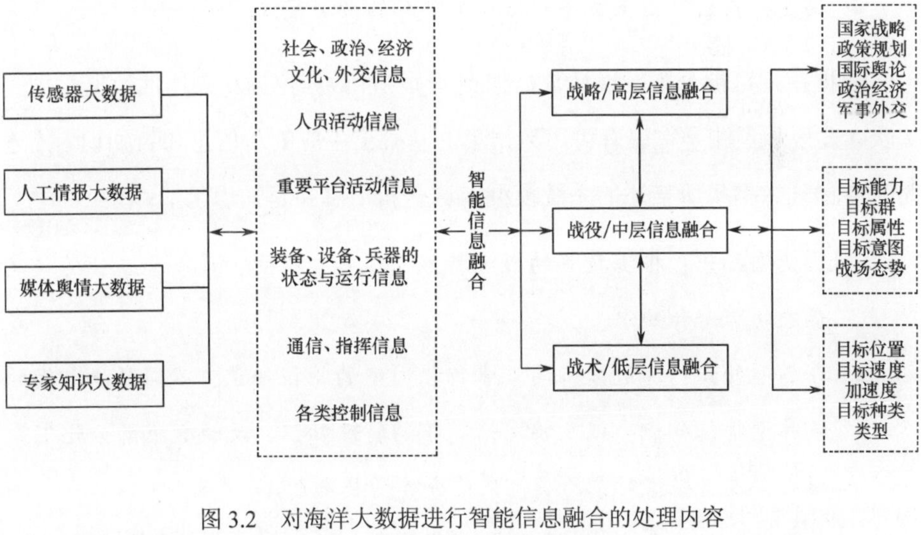

图 3.2　对海洋大数据进行智能信息融合的处理内容

智能信息融合以具体需求和应用为导向，包括感知需求、理解应用目标、调配信息融合资源、自适应地选择融合方式和手段，主要技术包括信息关联技术、信息分类技术、数据挖掘技术、综合推理技术、模式识别技术等各种智能信息融合技术。

（2）知识发现

知识发现，又被称为“数据挖掘”，是从随机的信息和数据中寻找有用知识的决策、支持过程。在实践过程中，一个系统（人）面对的信息和数据既可能是大量的、无序的，又可能是稀少的、残缺的；既难以理解和应用，又迫切需要得到关键信息，特别是关联信息中蕴含的新知识、新机会，以便更好地利用所得的信息和数据，提升应用能力。

数据挖掘的基本目标是发现、预测和描述。

- 发现：从新的关联或新的角度，定性地寻找机会和价值。
- 预测：通过大数据中的一些变量或域来预测其他变量的未知或未来价值。
- 描述：找出可由系统（包括人）解释的数据模式。

数据挖掘可被分为发现性数据挖掘、预测性数据挖掘和描述性数据挖掘三大类。发现和预测是在已有可用数据集的基础上生成的新信息和新知识。描述是生成已知数据集所描述的系统模型。这些新信息和新知识包括：

- 广义型知识：根据数据的微观特性发现其表征的、带有普遍性的较高层次的概念和知识。
- 分类型知识：通过分析同类事物相同型的特征知识、不同事物之间的差异型特征知识，以及特定情况下的特殊知识，反映数据的分化汇聚模式，或者根据对象的属性来区分其所属类别。
- 关联型知识：查找一个事件与其他事件之间互相依赖或影响的知识。
- 预测型知识：归纳时间序列数据，由历史和当前数据去分析、预测未来的情况，实际上是一种以时间为关联属性的关联知识。

- 偏差型知识：通过比较标准类以外的反常数据、数据聚类外的离群值、实际观察值和系统预测值间的显著差别，描述差异和极端特例。

数据挖掘不仅对过去的数据、信息进行查询和遍历，而且会对数据、信息进行分析、综合和推断，并对目标和系统的行为进行预测，以便及时发现以前未发现的机会、系统模式和知识，包括概念、规律、模式、特例、约束、可视化等，加深对信息的理解，从而对信息管理、决策及过程控制进行支持。数据挖掘可广泛应用于兵力运用、火力运用、兵力机动和威胁评估等方面。例如，综合在战场中侦察到的战略、战术情报和数据，推断敌人可能采取的作战模式；根据得到的异常电磁信号，判断敌人可能的军事动向。数据挖掘的基本模型是系统识别，即通过观察一个未知系统的输入、输出信息来建立数学模型。数据挖掘包括输入、输出和处理过程三部分。

- 输入的是数据。
- 输出的是要发现的知识或模式。
- 处理过程则是各种具体的方法和算法。

数据挖掘经常采用聚类统计分析、规则假设推理等方法来寻求大量数据与多源信息中的隐藏关系、隐藏模式、非显性规律，以便挖掘出有价值的情报。这就需要基于运用数据库逻辑的方法、人工智能的方法、数理统计的方法、可视化技术等去分析原因、比较异同、分类回归，进行关联和推导。数据挖掘的主要方法包括分类、回归、比较、聚类、总结、概括、关联建模、序列、组合，以及变化和偏差检测等。可将以上方法分为两类：第一类是统计学方法，强调建立模型；第二类是人工智能（机器学习）方法，强调创建算法。

（3）统计学分析

统计学分析主要包括关联分析、Bayes 估计、决策树分析、数据归纳、回归分析、相关分析等。

- 关联分析：若通过统计发现两个或多个数据项的取值出现重复，并且概率很高，则它们之间可能存在某种关联，可在一定支持度、可信度下建立某种关联规则，找出关联网。
- Bayes 估计：分析事件的新证据，考虑事件后验概率和先验概率之间的潜在关系，推断事件新的条件概率，找出事件发生的原因，可以反复迭代应用在诸多不同的证据上。Bayes 估计常与 Monte Carlo 法结合使用。
- 决策树分析：通过对信息来源、特征参数进行聚类、归并和比较，发现异同点及相应的知识。
- 数据归纳：在对数据进行分类的基础上进行总结和概括，进而由个别、局部数据推断出总体、全局的规律和知识。
- 回归分析：通过输入、输出之间的相关性，评估变量之间的数量关系，并导出结果。
- 相关分析：通过计算出相关系数来度量有关变量之间的相关程度。

（4）综合分析

综合分析是通过比较、分析，将有关因素结合起来找出异同点和规律，得出具体的原因和知识，包括：

- 由果索因法，即借助经验和测试结果，从结果入手往上逆溯、追查产生事件的原因。
- 假设检验法，即当引起事件的可能原因很多或不明确时，根据经验或直觉提出假设，进行查找和排除，迅速查找引起事件的原因。

除了由果索因法和假设检验法，综合分析还包括不确定推理法、逻辑法等。

（5）模糊逻辑推理

模糊逻辑推理是在排除非此即彼的二元逻辑基础上，摒弃确定性和精确性思维，采用Fuzzy集合、隶属度函数、模糊规则和多值逻辑（包括引进模糊逻辑变量和模糊逻辑函数），研究模糊不确定和非线性对象，进行模糊关系分析和综合似然推理判断。

（6）机器学习

机器学习是一种通过模拟人类或创新人类的学习行为获取新知识或新技能，重新组织自己已有的知识结构，使之不断改善功能、提高性能，并识别现有知识的方法。机器学习方法主要包括深度学习、强化学习、深度强化学习、迁移学习、元学习等。其中：

- 深度学习（Deep Learning，DL）：通过动态地建立多个隐含层的深度网络结构来模拟人脑分析、学习的机制；通过外在或自我生成的数据习得经验建立规则（多个隐含层结构及其参数）；通过相应的卷积算法实现基于特征的自主学习，实现对概念、规律、态势等知识的逐层抽象、认知和理解；具有强大的感知和表征能力。
- 强化学习（Reinforcement Learning，RL）：根据环境的反馈信号不断地调整自身与环境的互动策略，针对新变化的环境做出新的决策，包括“以价值为基础”的强化学习和“以策略为基础”的强化学习，具有良好的决策优化和空间搜索能力。
- 深度强化学习（Deep Reinforcement Learning，DRL）：创造性地将深度学习和强化学习有机地结合起来，通过深度学习的感知观察功能，得到具体目标的状态特征；基于预期回报来评价自身行动的价值函数，并通过某种策略将当前状态映射为相应的动作，利用估值网络、策略梯度网络不断地进行螺旋交互、循环、试探寻优，最终达到解决问题的目的。

（7）遗传算法

遗传算法是一种用于解决最优化的搜索、启发算法，即借用生物界的遗传和进化机制来解决优化、搜索问题，具有内在的并行性和较好的全局寻优能力。

（8）规则推理

规则推理是指结合数据库、专家系统等进行假设和推演，根据新息修改既定的规则，得到新的知识。

（9）模拟仿真与可视化技术

模拟仿真是一种通过数据工厂和模型，验证、分析大数据，并应用于具体事物或现象中的手段；可视化技术以直观、直觉的形式来分析图形、图像、视频、情报、信息、数据，并应用于具体场景中。

2. 信息处理架构

在海上行动中，由于需要处理和存储的情报数据呈指数性增长，涉及的图形图像情报，以及水文、气象等半结构化和非结构化数据所占的比重日益增加，因此，需要综合运用虚拟化、分布式存储和并行大数据处理等核心技术，构建大数据分析、存储、管理和应用的平台，即信息处理架构（包括战略和战术信息处理、实时和非实时信息处理等），以便满足各种应用和需求。

根据“基础服务-业务处理-应用接入”的逻辑模式，海洋大数据的信息处理架构如图 3.3 所示，可分为大数据存储层、云计算处理层、数据挖掘分析层和应用接入层。

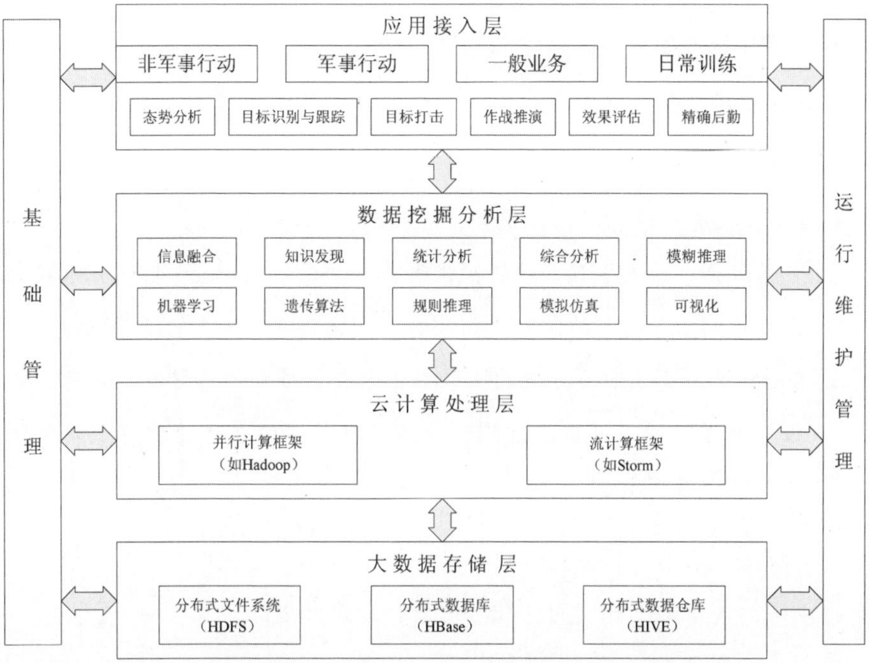

图 3.3 海洋大数据的信息处理架构

（1）大数据存储层

大数据存储层提供分布式大数据的存取服务，包括分布式文件系统（HDFS）、分布式数据库（HBase），以及分布式数据仓库（HIVE）等工具。

- 分布式文件系统：为大规模服务器集群提供高速的文件读/写、访问服务。
- 分布式数据库：为可伸缩的海量大数据（包括各种结构化和非结构化数据）提供存储、检索和读/写服务。
- 分布式数据仓库：是一种基于 Hadoop 的大数据分布式数据仓库引擎，负责对海量数据信息执行统计分析、查询等操作，并且将数据存储在相应的分布式数据库或文件系统中。

大数据存储层可依托已有作战数据中心的资源层和虚拟层构建，以虚拟化方式进行部署。

（2）云计算处理层

云计算处理层基于大数据存储层，由并行计算框架（如 Hadoop）和流计算框架（如 Storm）组成。

- Hadoop 是一种并行计算框架，可快速分析海量数据，具有吞吐量大、可用性强、通用性强、扩展性强等优点。由于 Hadoop 受到分布式文件系统存储 I/O 效率的制约，因此存在信息处理时延较长的问题。
- Storm 是一种实时、开源的流计算框架，支持全内存计算，具有容错性强、可靠性强、可扩展性强等优点，擅长实时在线处理海上联合作战的流式、时变数据。

云计算处理层通过将并行计算框架与流计算框架有机结合、互相协同，对海上行动中的现有数据和实时在线数据进行分析和处理。

（3）数据挖掘分析层

数据挖掘分析层建立在云计算处理层之上，包括信息融合、知识发现、统计分析、综合分析、模糊推理、机器学习、遗传算法、规则推理、模拟仿真、可视化等各种算法和模型。若通过数据挖掘分析层向下访问，则可调用并行计算框架中的 HIVE、Pig、Datameer 等高级数据处理流程进行信息处理。若通过数据挖掘分析层向上访问，则可面向各种大数据应用，执行融合、关联、分类、深度分析、挖掘、综合、推理和学习等操作，从而获取知识和认知。

（4）应用接入层

应用接入层用于提供各种非军事行动、军事行动、一般业务，以及模拟训练等的应用接口，支持 Java API、Socket、Web Service 等接口方式，支持各种系统之间、人机之间的交互模式。

3. 信息处理流程

海洋大数据的信息处理流程如图 3.4 所示，包括获取情报、归集信息、处理信息和应用数据。

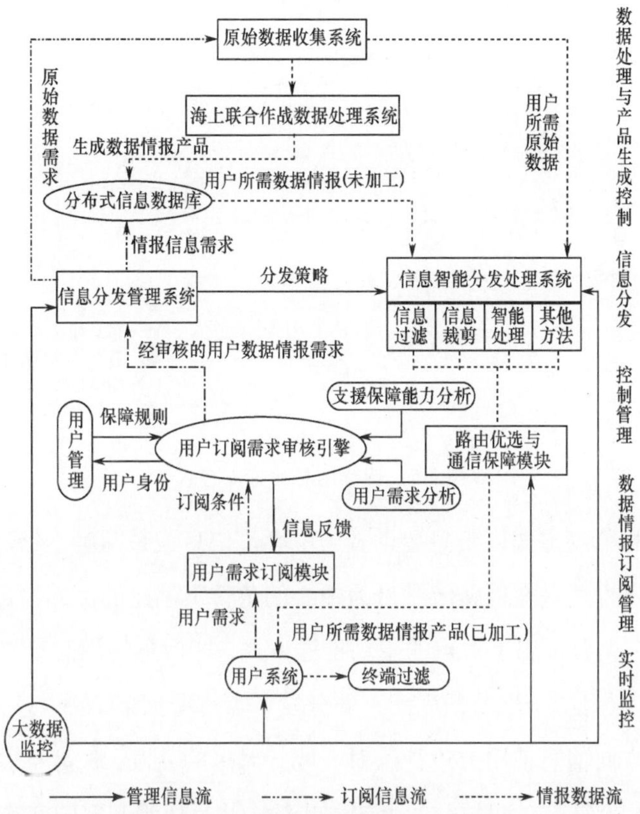

图 3.4　海洋大数据的信息处理流程

3.2.3　海洋大数据的分发方式

如何从大量的作战信息中筛选出作战人员真正需要的信息，并且在恰当的时间将这些信息发送给需要它们的作战单元，是将信息优势转化为知识优势，进而转化为决策优势的基础和前提。传统信息的分发方式如图 3.5 所示，即由各平台传感器节点进行信息收集、预处理后，逐级上传至编队指挥中心、联合作战指挥中心。编队指挥中心、联合作战指挥中心在对所有的信息进行综合处理和融合后，信息将随着作战指令分发给各作战实体，即信息收集、信息处理及信息分发的过程都是依托指挥与控制流进行的。

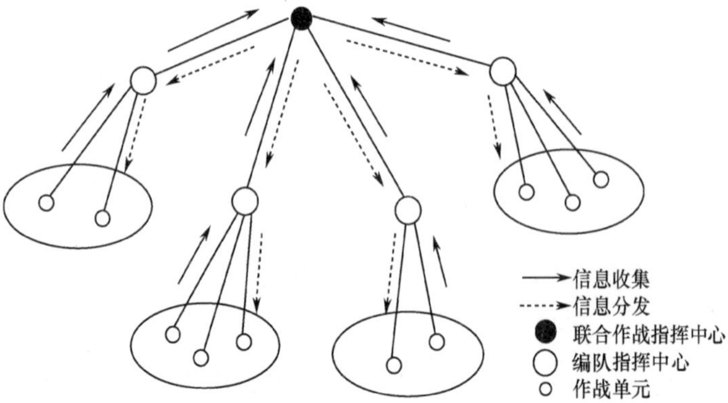

图 3.5　传统信息的分发方式

这种信息分发方式以信息提供者为中心，信息关系明确，保障过程简单。这种信息分发方式是在以传统平台为中心的条件下创建的，受限于通信系统等方面的原因，主要采用点对点的主动推送方式，即信息的供需双方事先约定信息的交换协议、格式，以及预先配置的分发节点，基于既有的信息关系和流程，由信息提供方向信息使用方进行一对一或一对多的分发。这就要求在信息分发时，各作战单元具有时间与空间上的同步性，并且按照既定的交换协议与格式进行传输，灵活性和动态性较差，难以适应未来复杂、动态、跨域的海上联合作战对信息分发和情报保障的要求。

对于编队战役级网络化作战而言，其信息可分三类：情报预警信息、编队作战指挥与控制信息、火力分配与协同制导信息。例如，美国在网络使能指挥信息系统（NECS）中普遍采用面向数据资源的共享机制，通过元数据对资源的描述和组织，以及元数据技术在网络中心化环境中的应用，提高了数据的可见性、可访问性和可理解能力，同时解决了资源共享机制中的信息发现、获取和理解等难题。

编队战役级网络化作战的三类信息及信息分发过程如图 3.6 所示。

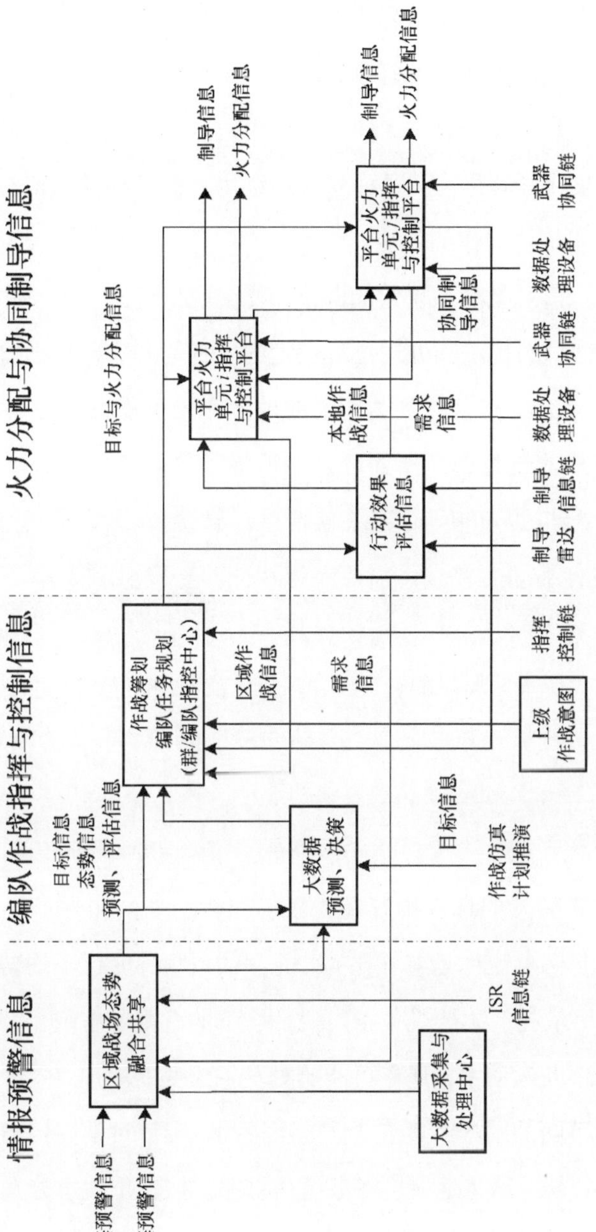

图 3.6 编队战役级网络化作战的三类信息及信息分发过程

由图 3.6 可以看出，火力分配与协同制导信息、编队作战指挥与控制信息、情报预警信息由下至上，在信息实时性及信息精确性方面的要求逐级递减，在信息覆盖广度方面的要求逐级递增。这是从用户需求出发，追求利用最少的情报数据流满足用户需求的结果，即每一级用户只接受与之相关的信息，并且在信息粒度和精度上予以区分，从而避免各级用户被不相关的信息所干扰，提高任务处理效率和整体的作战效能。

由此可见，信息是潜在价值的源泉，要实现信息的价值，并实现信息的增值，并不是由信息的搜集和处理过程决定的，而是由信息共享的程度和速度决定的。信息只有流动起来并到达所需的地方，才可能发挥信息应有的作用。在海上联合作战的过程中，所需分发的情报预警信息、编队作战指挥与控制信息、火力分配与协同制导信息在实时性、精确度、覆盖广度，以及分发的频度等方面均有不同的要求，需要制订相应的分发机制来满足不同用户的信息需求。

总体而言，海洋大数据的分发方式主要有智能推送、自主查询、临时订购、终端过滤等。

1．智能推送

由于在信息分发的过程中存在大量远程数据交换和在不同平台间的接力控制，因此这些信息往往是差异化的、无限的、状态变化不均匀的、传输时限要求不一的，所依托的主要是复杂电磁环境下的有限带宽通信和数据网络，面向的却是处于不断运动中，任务可能随时发生改变的用户终端。这就意味着同样的信息对于不同的用户，其重要性是不同的，应针对不同传输链路的可用性和历史效能，智能、动态地调度各条通信链路，按轻重缓急分发相应的信息和数据，即智能推送的信息分发方式。

智能推送的信息分发方式是面向全体作战实体的。其目的是使一个作战群体内的每个成员都拥有关于整个群体的协作态势信息。在海上行动中，无论多兵种联合作战中的兵力/兵器配合，还是海上应急救援中的各方行动，都需要信息的准确传递和服务，即需要及时、实时地共享态势信息，并在恰当的时间将适当的相关信息、情报、指挥与控制数据传递给正确的人、系统、平台和设备，甚至预先为下一个需求者提供所需的信息。智能推送就是根据不同用户的信息需求，以最恰当、有效的途径提供所需信息的方式，并根据不同的环境和通信能力（通信带宽），及时、动态地调整信息传递的优先等级。

智能推送的信息分发方式又可细分为通播分发、订阅分发、信息预测。

- 通播分发：海上联合作战的一个特点是存在大量的数据和信息需要在众多平台、系统之间共享。需要共享的数据和信息包括战略信息、战术信息、火力控制类数据（火力控制类数据又分为情报类数据、指挥与控制类数据、保障类数据和管理类数据）。用户需要的是特定信息而不是全部信息。由于传统的信息分发方式无法自动区分哪些是用户所需要的信息，因此只好将不同级别、不同粒度的信息全部发送出去，不加以区分。在海上联合作战中，战场指令信息流、协同信息流都需要及时地传达给各下属单位和各作战指挥单元。这些信息流适合采用通播分发的方式进行信息分发：先对信息进行分类，再按用户需求进行分发。
- 订阅分发：由于不同的作战单元所需的态势信息不同，所以各作战单元可根据自己对态势信息的需求，预先确定适合自己的订阅条件。订阅条件既可围绕某一类型的目标设置，也可围绕某片海域设置，还可围绕某个主题设置。订阅分发就是按照用户的不同订阅条件和优先级进行及时、动态地分发。例如，对于战场态势的变化信息，需要在 1min 内实时传达；对于导弹预警信息，需要在 1s 内发送；对于天气、计划、命令的情报信息，可视情况稍后发送。

- 信息预测：为了更好地给终端用户提供信息服务，智能推送的信息分发方式还可通过分析订阅条件和查询历史信息记录的手段，预测用户未来的信息需求，并且根据预测的结果在信息分发时主动给用户提供相关信息。信息预测就是根据用户状态、带宽情况、预测的结果对信息进行及时发送。

在智能推送的信息分发方式中，应遵循如下规则。

（1）汇集规则

汇集是将传感器或数据终端采集到的数据发送到指定逻辑节点的过程，目的是为了通过进一步的综合分析和融合形成态势数据，以供数据发布使用。在数据或信息汇集的过程中，其基本要求是既要保证平时的指挥隶属关系，又要兼顾实体间的互相支援和协作关系，即既要遵循隶属优先规则，又要遵循汇集节点自治规则。

- 隶属优先规则：按照作战编组的指挥隶属关系，优先将由各类行动实体的数据终端采集到的数据发送到其所隶属的上级指挥实体，以保证上级指挥实体对所隶属实体的实时控制。该类数据主要包括实体的空间位置数据和行动信息，以及实体间的协同信息等。
- 汇集节点自治规则：在信息分发的过程中，为了满足分布式的指挥与控制对信息的最低需要，通常在某个逻辑指挥节点上设置数据的汇集节点，以确保在某个逻辑指挥节点与其他节点通信中断的情况下对所隶属实体的独立指挥与控制。汇集节点可分为中心节点和一般节点：中心节点负责搜集网络中所有其他节点的数据；一般节点负责搜集所属实体的数据，并按照逻辑关系将数据转发到上级数据节点。汇集节点自治规则是指汇集节点能主动探测网络的通信情况，缓存重要的数据，能根据通信链路的情况，按数据的优先级转发数据，并在逻辑指挥节点损坏的情况下自动接替相关功能，成为下级所有节点的中心节点。

（2）定制分发规则

定制分发规则是指按照事先规定的通信链路、信息类型和用户享受的权限，根据信息传送的优先级，由分发节点主动向某个或某些用户发送信息。发送的信息主要有由上级下达的指令、目标状态、本级和友邻的位置、隶属关系的变更，以及网络配置的变化等。

（3）订阅分发规则

订阅分发规则是指用户根据自己的特殊需求，自主选定所需的信息和信息类型，主动向分发节点索取信息，经分发节点对用户身份、权限进行认证后，检索相关的信息，并将信息及时发送给用户、接收用户的反馈信息，以便进一步提供后续服务。

（4）强制分发规则

强制分发规则是指对于用户必须接收的信息，分发节点可在系统的控制下强制性地将用户必须接收的信息发送给用户。这类信息在分发节点具有最高优先级，并自动优先发送。例如，系统设备数据的清除信息、网络配置的变更信息、设备的自毁信息等。

2. 自主查询和临时订购

由于战场态势具有极大的不确定性，因此当智能推送不能满足信息用户的需求时，可通过查询的方式获取信息。按照获取方式的不同，查询方式又可细分为自主查询和临时订购。

- 自主查询：用户通过在信息搜索引擎中输入关键词的方式，在上级的通用（专用）数据库或向有关作战实体查询相关信息和数据。为了科学、高效、规范、有序地开展自主查询，应合理设置查询权限，建立身份验证机制。
- 临时订购：战场形势的急剧变化，可能会令由上级下达的指挥信息或通过自主查询数据库中的信息都不能满足某一作战实体对信息的需求，在上级不能掌握当前信息需求的情况下，这些作战实体的指挥人员及指挥机关，可采取临时订购的方式，临时向信息部门提出信息订购申请。

在自主查询和临时订购的信息分发过程中，由于这些信息需求是由用户直接提出的，因此所分发的信息与用户需求具有较高的匹配度。在海上行动中，随着进程的推进，用户对信息的需求是不断变化的，特别是战术层面的信息需求变化更快，有时系统或作战人员无暇考虑和提交下一步所需的信息需求，只能根据已有的信息进行决策。自主查询、临时订购的信息分发方式仅适合处理静态或常态的需求，对于由海上突发事件引起的快速变化的信息需求显得有些无能为力。

3．终端过滤

在海上联合作战中，信息分发是通过预先设置的匹配规则将用户需求与数据库中的共享信息进行比对，根据信息的匹配度决定是否将信息推送给相应用户的。为了确保用户所需的信息能够毫无遗漏地分发至用户端，设置的匹配规则是较为宽松的，这就不可避免地会有少量无用信息随之发送到用户端，需要用户在终端进行过滤。

在终端过滤信息的过程中，不是由用户向系统提供订阅信息，而是由用户在终端根据实际情况和自己的需要对已发送过来的信息进行筛选和裁剪，仅对当前需要的信息进行显示，不会降低传输的时效性，能够最大限度地与用户需求相匹配。

3.3　基于云计算和海洋大数据的联合作战指挥与控制功能模型

大数据分析主要研究了大数据存储与各个数据之间的关系，挖掘、发现、应用其中的关联知识、特征知识、精细知识、隐知识。云计算为大数据分析提供了必要的存储、管理、计算等解决方案，可快速提取有价值的目标信息，提供及时的服务。

人类的海洋活动是典型的组织行为。根据组织行为理论，健全的组织应该提供一致的努力、集中的指导、分散的执行、通用的原则，并且具备互操作性。海上联合作战组织是一个复杂体系。其总体功能是为各种力量、实体和作战单元提供一个统一的组织平台和协同作战环境，用以应对来自外界的各种挑战，适应战场环境的复杂变化。基于云计算和海洋大数据的联合作战指挥与控制（以数据、知识为中心），通过网络使能的形式可最大限度地发挥信息流动与实体协同行动的潜能，包括数据挖掘、价值链（多级信息融合）和增值应用等。在技术层面上，基于云计算和海洋大数据的联合作战指挥与控制功能的重点在于增强对自身和对目标环境在当前和未来状态的智能认知上，包括：

- 提供不同层级的战场态势认知和信息共享能力——全向融合能力、集聚导向能力、预测触发能力。
- 对作战资源的灵活集成能力。

- 基于信息共享的协商能力，以及及时的连通和互操作能力。
- 适应任务和环境变化的体系自组织能力。

3.3.1 联合作战实体间的关系和互相作用

本节从 3 个方面（联合作战实体间的关系类型、联合作战实体间的联系模式、联合作战实体间的连接机理和作用转移机制），对联合作战实体间的关系和互相作用进行说明。

1. 联合作战实体间的关系类型

在联合作战组织中，由简单到复杂，由低级到高级，组织逐渐分层，能力逐步涌现。同一层次和不同层次的实体间存在着各种各样的关系。总体而言，这些关系可分为合作型和冲突型两大类。

- 合作型关系：包括隶属关系、配属关系、支援关系、协作关系、控制关系。
- 冲突型关系：包括利益冲突、目标冲突、目的冲突、资源冲突、文化冲突。

2. 联合作战实体间的联系模式

联合作战实体间的关系是内在的、静态的。在联合作战组织的运行、发展、变化过程中，动态自适应的实体之间因使命、任务或某种突发的因素，将不断产生联系。联系模式可因具体任务、环境、资源、经验、效果等的不同，表现出多样性，具体的联系模式包括：

- 就近联系模式。
- 使命、任务联系模式。

- 关系优先[1]联系模式。
- 向上级联系模式。
- 随机联系模式。

3. 联合作战实体间的连接机理和作用转移机制

在适应环境的过程中，不断发生着个体自治、联合作战组织对抗、功能自适应、系统自组织演化等现象。根据性质和作用的不同，各类实体可分为传感类实体（S）、指挥与控制类实体（C）、作战类实体（F）和通信类实体（I）共4大类。实体之间围绕着使命、任务、环境发生联系。在网络中心化作战中，实体间物质、能量和信息的交换围绕“感知（Perception）—认知（Cognition）—协作与同步（Synergetic）—评估（Evaluation）”展开，相应的联系机制可归纳为感知、认知、通信、指挥与控制、交战、补给、支援和协作。

随着作战的开始和战斗的进行，可能会有一些旧节点损失，也会有一些新节点加入。随着环境和任务的不断变化，连接关系的属性和强弱会发生改变，网络规模发生调整，作战重心发生变化，从而导致组织结构重组、关键节点（中心节点）迁移。

由于实体间的联系会因使命、任务、环境或某种突发因素而发生改变，因此，实体间的互相作用是不断变化的，即发生所谓的作用转移。

3.3.2　联合作战指挥与控制功能模型

根据系统结构与功能之间的关系，为了适应联合作战中任务的多样性、适

1 有理论和实验表明，网络中节点互联的概率单调依赖于它们已有的“度”（Degree），故而，关系优先联系模式又被称为偏好联系模式。

应战场环境的多变性、保持系统运行的敏捷性和鲁棒性，海上联合作战指挥与控制体系的功能架构必须是开放的、自组织的、自适应的、一体化的、层次化的、灵活的、综合集成的，可为广域空间和范围内的各种作战实体按需提供战术、技术，以及与过程相匹配的能力，具备网络间无缝链接、信息系统即插即用和互操作的特点。战场资源可按需共享，柔性、动态地集成。各种武器系统、作战人员、网络、传感器、指挥与控制平台，共同构成面向不同使命和任务的作战体系。在这一过程中，网络将成为海上行动作战指挥与控制的纽带，从而突破以平台为中心的综合集成，以及“烟囱式”的垂直功能集成，把不同能力和组织集合到联合体内，可动态建立各种虚拟组织，实现分布式网络化作战的目标。

在执行海上联合作战时需要具备的能力主要包括两大类：一是面向终端用户的数据、服务、资源的随机组合和云聚集能力；二是用于保证作战体系自身的稳定性、灵活性、可运行性的支撑能力。

- 面向终端用户的数据、服务、资源的随机组合和云聚集能力：自动感知并向作战人员、系统、平台、设备和任务合作伙伴推送所需要的各种数据和服务；作战人员、系统、平台、设备和任务合作伙伴可使用各种终端设备在任何时间、任何地点连接网络，可使用各种终端设备在需要时访问信息、服务和其他的信息资源；共享信息、服务和资源，并确保信息、服务和资源是可见的、可利用的。
- 用于保证作战体系自身的稳定性、灵活性、可运行性的支撑能力：包括体系结构、规模的自适应能力，对所有用户和设备实施随机访问控制的能力，具备跨域安全和网络防护的能力，通用的政策、标准和管理流程，有效开发和使用的基础设施。

海上联合作战的多域能力视图如图 3.7 所示。

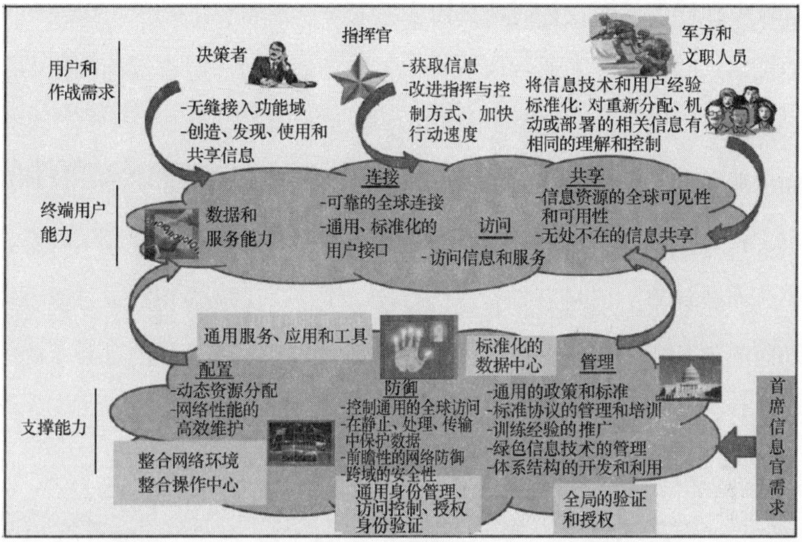

图 3.7 海上联合作战的多域能力视图

由于海上联合作战具有复杂性、多样性，因此，基于云计算和海洋大数据的海上联合作战采用以数据（知识）为中心、面向服务的功能体系结构。其跨领域的指挥与控制功能模型是层次化的，包括核心层、选择层和自适应层。

- 核心层，功能出现在所有视线中。
- 选择层，功能的出现取决于需求。
- 自适应层，功能的出现基于系统的接口。

每一层利用较低层提供的服务来完成本层的功能，并为较高层提供服务，即高层指导低层，低层对高层提供支持。高层功能是低层功能的涌现，低层功能是高层功能的逐层降解。这种结构是一个资源、功能、载荷可扩展和可伸缩的能力体系，具有高度的可扩充性、动态组织性的特点，以及灵活集成、无限扩展等优势。从表面上看，它们互相独立，在实际应用中，它们互相协同、互相支持。因为功能模型采用层次化结构，所以当任何一层发生变化时，只要接口关系不变，则这一层的较低层和较高层均不受影响。某一层提供的服务可以增加、减少和修改。在设计时，只需要考虑每一层本身的功能，以及与其他层之间的接口。层与层之间通过服务接口扩展功能，同一层通过标准化的服务接口进行交互。

面向服务的海上联合作战指挥与控制功能模型如图 3.8 所示。这种功能模型不仅支持各类指挥机构和作战实体的语音、数据、图像、视频等业务，而且可提供分布式计算、信息查询、态势标绘、定位、导航等功能，方便各类指挥机构随时随地使用，以便支持联合作战的各项应用，并通过信息共享的方式建立信息优势、决策优势，最终达到主宰战场的目的。

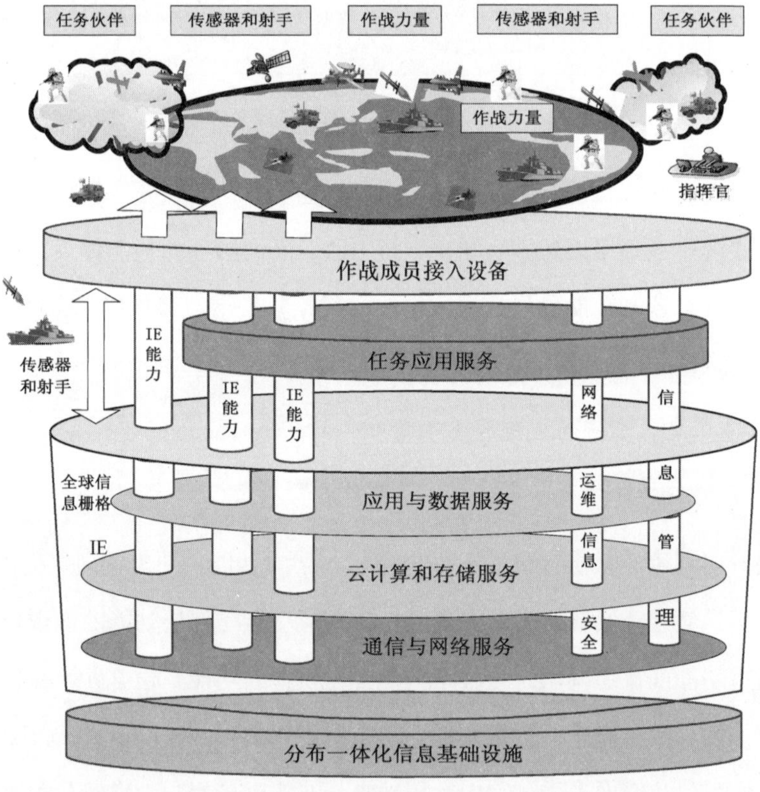

图 3.8　面向服务的海上联合作战指挥与控制功能模型[2]

2 IE 为 Information Enterprise 的缩写。

因此，大数据指挥与控制就变为计算机在具体设备中的应用。例如，在全球信息栅格（GIG）设备中，指挥与控制功能被嵌入GIG网络节点、平台和系统中，所面向服务的架构（SOA）可与COP/CTP等很好地衔接，自身的自适应层能够非常灵活地满足不同终端节点的特定要求，通过选择层可满足不同用户的扩充和升级需求。在具体应用中可由参与联合作战的实体根据需要对基础设施的功能进行"剪裁"，并将其与各种武器、传感器、计算机程序等集成。整个体系是开放和集成的。

在全球信息栅格等基础设施上，美国已研究出一种用于扩展、增强现有作战体系能力的指挥与控制功能模型，具有全域的（连接海洋、陆地、空中、太空）、增强的态势感知能力，以及基于大数据特征和行为特征的识别能力，可将涉及作战、指挥与控制、计划、侦察、监视、后勤等行为的所有数据输入海军战术云（NTC）[3]中，以便增强数据的互操作性和大数据分析能力，改善目标识别、指示告警、敌方意图判断、位置预测的能力，增强网电空间的攻防能力。在情报、侦察、监视能力的互操作上，美国海军通过与其他各军（兵）种密切配合，最终将这种互操作性扩展到联合部队的指挥与控制互操作、作战系统互操作和战术指挥互操作中。在应对恶劣环境的通信能力上，美国海军正致力于提升在无连接、断续连接和有限带宽情况下，舰船之间、海-空之间和陆-海之间的高效连通能力。

3.4 基于云计算和海洋大数据的联合作战指挥与控制体系架构

联合作战既是多种实体、作战平台、系统和战场环境结合在一起与敌对抗

3 海军战术云（Naval Tactical Cloud，NTC）是一种部署于战术前沿的海上联合作战云生态环境，是美国海军各项大数据战术应用的基础平台。

的组织过程，也是各种物质、能量、信息全面开放，在战略、战役和战术的不同层面、火力控制的不同粒度上“聚合”和“对焦”的过程。在态势共享、信息共享、知识驱动、快速决策、协同行动的过程中，需要大规模的数据存储、处理、分发和应用。在环境和整体使命的制约下，一方面各个作战实体、平台和系统互相配合、互相协同，另一方面各个作战实体、平台和系统具有一定的运行独立性和管理独立性。

目前，指挥与控制的主体和内容逐步转向知识和数据。就行动而言，一切均由客观知识、数据进行指挥与控制。在客观物质世界中，必须搭建一个一体化的信息处理和应用体系平台，通过该平台为各级指挥与控制决策的执行者和载体（人和人脑的衍生物，例如，作战人员、计算机及各种智能系统）提供大数据决策指示和控制数据。搭建这一平台的优势主要包括如下两个方面[4]。

- 一方面，可确保决策指示和数据服务在分布协同的环境中是可见的、可访问的、可信的。
- 另一方面，可通过使用动态、互操作的通信资源和计算资源，满足基于大数据联合行动的需要。

这一平台的任务包括：提供一致的身份认证方式；进行访问控制、目录服务；将指挥决策、信息服务前沿化；共享基础设施；提供通用的政策和标准；进行统一指挥和分布控制。

在该体系架构中，信息处理是分布的、协作的、智能化的。该体系架构可分为系统服务层、核心服务层、基础服务层和公共应用服务层，即为了灵活构建体系架构，采用了分层化的思想：各层次成员在物理上和功能上相对独立；

4 Navy's Data Engineering Services Center. The National Martime Domain Awarness Architecture Plan[EB/OL]. https://mise.mda.gov/drupal/sites/default/files/MDA_Arch_ Plan_V_2.0_Release3_Full.pdf, 2013-3-8.

不同的层次、不同属性成员可通过适配器自由地加入体系架构中，从而实现对不同层次、不同属性的基础数据、态势数据、决策数据的灵活处理。构建海上联合作战的指挥与控制体系架构的作用包括：

- 为多平台、实体和作战单元的海上联合作战提供一个统一的作战平台和协同的作战环境，将地理上分散的信息、过程和人员连接起来，达成信息和知识的高效共享，既可充分利用已有的作战资源，又可使分散的战场资源形成合力，以便在更多的功能领域和更大的空间范围内组织不同规模的联合作战体系，并为进行不同规模和样式的海上联合作战提供物质基础。
- 提供多视角的作战组织、规划和运行服务，对集成的各种作战资源进行有效匹配、组装、集成和管理，满足在指挥上自组织（自主作战、自主指挥）、在火力上提供服务的要求，并在作战目标引擎的驱动下，实现对联合作战任务的分布式协同和控制。
- 随着环境和任务的变化不断进行演化（包括结构演化和功能演化），达到实体、信息基础设施、环境的一体化，形成能够适应环境和任务变化的体系自组织能力。

3.4.1　指挥与控制体系逻辑结构

在指挥与控制体系中，大数据的目的是将战场态势、信息、情报、水文、气象等进行综合处理，从海量的情报数据、移动数据、传感器数据、通信数据、导航数据中发现有用的指挥与控制知识和信息，实现对战场行动的指挥与控制。

基于“三个世界”理论，以数据（知识）为中心的分布式指挥与控制体系逻辑结构分为三层：核心层、中间逻辑层、物理层。

- 核心层：大数据居于体系架构的核心层，集中了各种数据资源、存储资源和计算资源。通过大数据分析、大数据预测和大数据评估，核心层的知识将对中间逻辑层、物理层完全透明。中间逻辑层和物理层可及时、按需获取行动所需的知识、情报和数据。
- 中间逻辑层：接收核心层的知识，根据自己的意志、情感、思想向物理层下达指令和信息。
- 物理层：根据接收到的中间层的指令和信息，以及核心层的知识来实施行动。

基于“三个世界”理论的指挥与控制体系逻辑结构如图 3.9 所示。

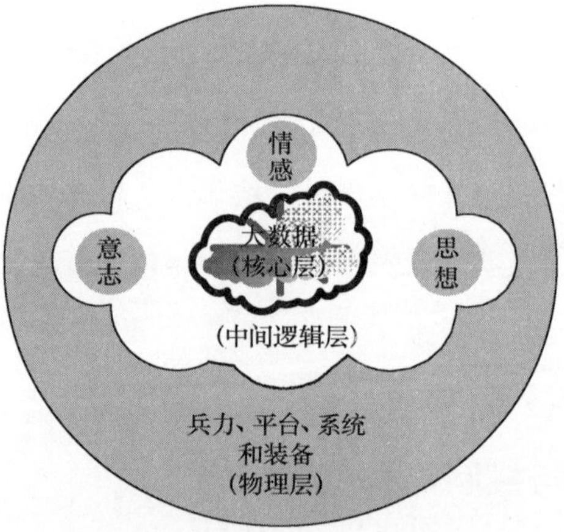

图 3.9　基于“三个世界”理论的指挥与控制体系逻辑结构

3.4.2　指挥与控制体系逻辑结构拓扑与应用

在数据处理方面，大数据不同于传统的堆栈式信息处理，而是需要协同创造与共同分享。从第一台计算机的诞生开始，发展到移动通信、移动互联网，再到今天的大数据，信息技术的发展趋势是开源。共享、协同、创新是价值创造的源泉。

云计算是一种开源、共享和协同创造的运算平台。其核心是分布、可伸缩的业务模式，本质是数据处理技术。云计算不仅可通过网络实现互相备份、实时共享，而且还可以部署到各个系统、平台和设备（例如，岸基指挥中心、海上平台指挥中心等）中。大数据与云计算的应用对基础设施的底层要求是相同的，即标准化、自动化、灵活化、自愈化等。

实时、海量的数据集分析需要利用处理框架（类似于 MapReduce）向几十台、几百台，甚至更多台计算机分配工作。MapReduce 是面向大数据分析和处理的并行计算框架模型，适用于大规模数据集的并行运算。MapReduce 先将海量的数据处理工作分解成一系列可以并行的小任务，然后将分解后的小任务分配给多台计算机去完成，同时在不同的工作节点间进行协调和同步。这些计算机可进行联网、协同、并行工作。MapReduce 的最终作用在于对海量数据进行分布式数据挖掘，必须依托云计算的分布式处理、分布式数据库、云存储、虚拟化技术等。由于网络中心化作战的服务模式和云计算的服务模式相同，并且云计算具有规模超大、资源虚拟化、按需服务、可靠性高、通用性强和可伸缩等优点，因此基于云计算和海上大数据构建海上联合作战的指挥与控制体系架构就成为一种必然选择。相应的，海洋大数据、云计算也成为大数据分析、指挥与控制的核心。

基于云计算和海洋大数据的指挥与控制体系逻辑结构拓扑如图 3.10 所示，即所有人员、平台、系统、装备均通过指挥与控制网（或智能代理）同分布式云计算中心相连，以便及时获取指令、数据和知识，并展开行动。

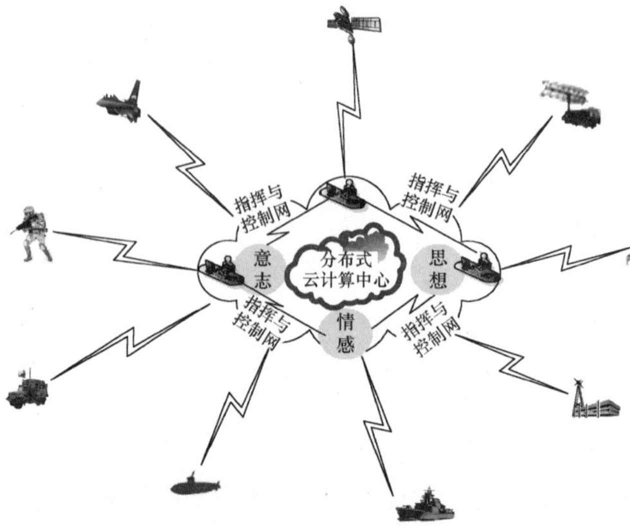

图 3.10　基于云计算和海洋大数据的指挥与控制体系逻辑结构拓扑

基于以上逻辑拓扑图，可在总体框架上构建一个对外部用户或应用透明的数据逻辑中心。数据逻辑中心由物理上分散部署的各级指挥系统的数据存储节点组成。各存储节点之间通过数据感知和同步手段实现共享数据的实时或定时同步，为作战应用提供统一的数据来源，可简化数据部署流程，保障各级数据的一致性。例如，围绕数据逻辑中心，美国海军一直致力于构建大数据生态系统，并将其与分析工具、相关接口绑定，结合云计算、大数据和跨域技术，提供与态势有关的全部数据的实时视图，以便提升相关系统、平台和人员的作战能力。

由于受到体制、技术的限制，以及出于实时性、安全性方面的考虑，在实际的云计算应用中，通常会应用多种云和云端（而不是单一云），包括公共云、私有云、战略云、战术云等。例如，在海上护航行动中，涉及的云计算设施节点包括企业节点（国家陆基核心节点）、部署节点（前沿岸基部署节点、舰载-部队/群中心节点）、边缘节点（海基/陆基/空基/天基边缘节点）等。

- 企业节点：国家陆基核心节点具有最大的峰值运算和存储能力，可作为部署节点和边缘节点的回传处理中心，提供企业级的虚拟化技术、分布式数据库服务、分布式数据挖掘服务。

- 部署节点：又分为前沿岸基部署节点、舰载-部队/群中心节点，可提供比国家陆基核心节点低，比边缘节点高的存储运算能力和计算资源，具有在无连接、断续连接和低带宽环境下的服务能力。
- 边缘节点：一种平台级的单元作战节点，如海基/陆基/空基/天基边缘节点等。

国家陆基核心节点、前沿岸基部署节点、舰载-部队/群部署节点、海基/陆基/空基/天基边缘节点之间，以各种通信方式互联、编组和剪裁，从而构建联合作战云环境。

基于云计算的海上联合作战指挥与控制体系逻辑结构拓扑应用如图 3.11 所示。

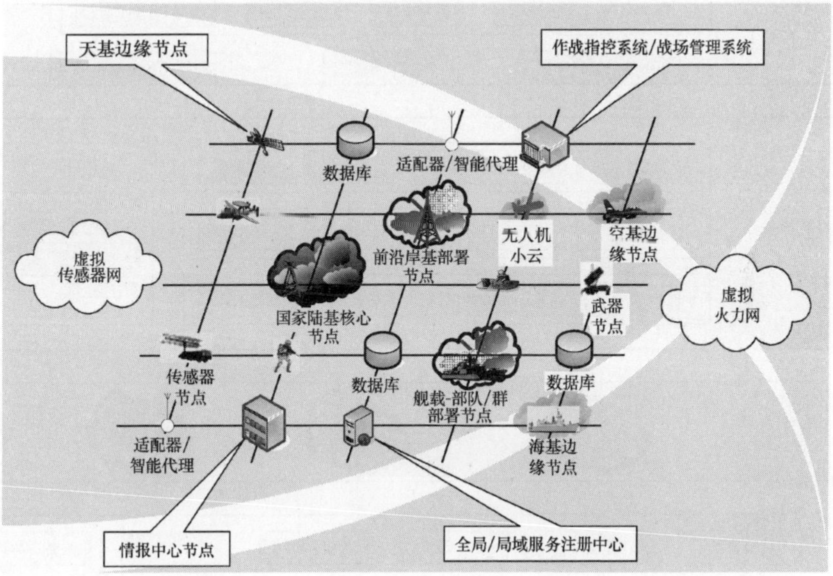

图 3.11 基于云计算的海上联合作战指挥与控制体系逻辑结构拓扑应用

3.4.3 指挥与控制体系架构

随着大数据和 Web 2.0 模式的兴起，知识的产生、应用、传播更多开始依靠用户之间的互动与交流，使得信息数据的产生、传播和应用产生了分离。与此同时，产品、平台、终端和用户也逐渐分离。

为了将云计算、海洋大数据应用在指挥与控制行动中，以适应现在和未来各种可能的军事/非军事行动需求，就必须构建一个统一、开放的体系架构——基于云计算和海洋大数据的指挥与控制体系平台架构，如图 3.12 所示。该体系平台架构的主要功能包括提供服务、抽象资源、分配管理、控制资源层等，采用开源和层次化结构：最上层是各种应用和服务；中间层是抽象资源、云计算和系统控制；底层是各种标准和基础设施。

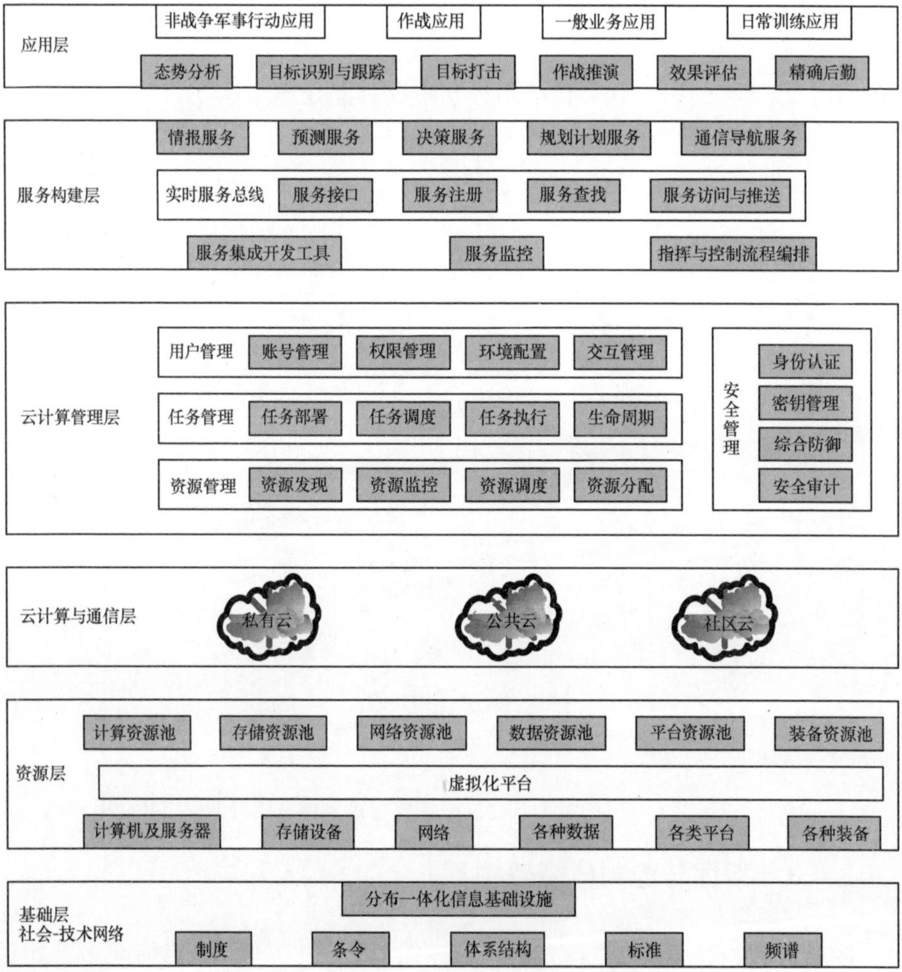

图 3.12　基于云计算和海洋大数据的指挥与控制体系平台架构

1. 基础层

基础层的作用是实现信息共享、系统互联、信息互通、设备互操作。基础层主要包括制度、条令、体系结构、标准、频谱等分布一体化的信息基础设施，采用不断演进的社会-技术网络体系构建。

2. 资源层

资源层主要包括计算机及服务器、存储设备、网络、各种数据、各类平台和各种装备，以及应用虚拟化技术形成的计算资源池、存储资源池、网络资源池、数据资源池、平台资源池、装备资源池等。

虚拟化技术是一种资源管理的手段，按照需求对资源的粒度进行划分、分配和组合，可最大限度地提高资源的应用效率，减少浪费。“池化”是对资源的一种逻辑抽象，是一种资源管理思想，也是提高资源利用率和灵活性的有效手段。在分布一体化的信息基础设施的基础上，所有软、硬件资源都被视为一个资源池中的资源，可按需取出，不用时放回。

3. 云计算与通信层

云计算与通信层主要包括私有云、公共云、社区云，是指挥与控制体系架构的核心，可提供不同领域和类型的云计算业务、网络交换与协作服务，包括云计算的服务器组件、企业服务软件、高速网络设备等。

在通信过程中，SDN（软件定义网络）通过 Open-Flow 等技术实现数据通信网络与数据平面的分离。在虚拟化 SDN 中，数据通信网络可根据对网络的不同需求自适应路由，进行快速、动态和可定制的变化。

4. 云计算管理层

云计算管理层是云计算的“中枢”，负责对资源池进行管理、监控和分配，对运行中的服务、任务进行调度和管理，对系统用户进行管理和权限控制。该层主要包括资源管理、任务管理、用户管理、安全管理。

- 资源管理：资源管理主要包括资源发现、资源监控、资源调度和资源分配，即接受各种应用服务的资源请求，把特定的资源分配给资源请求者，合理调度相应的资源，使请求资源的作业能顺利进行。云计算的资源很多，资源管理从逻辑上把这些资源整合起来作为一个集成的资源提供给用户。资源代理能够与各种应用服务进行交互，向各种应用服务屏蔽了云计算资源和云计算的复杂性。
- 任务管理：任务管理用于完成服务启动、服务任务创建，并对服务任务进行调度；监控任务的运行状态，监控各个服务器的运载情况；利用调度算法，确定优化的任务分配方式，达到负载均衡和资源的合理利用。任务管理必须具备在各个服务器上动态迁移的能力，能够与资源管理进行交互，即申请和释放资源。
- 用户管理和安全管理：用户管理和安全管理用于完成系统的访问控制，进行完整性、安全性的检测，包括增加/修改用户信息、修改用户权限信息、身份认证、安全审计等功能，提供数据加密、解密服务，确保信息传输的安全性。

5. 服务构建层

服务构建层是各种应用服务的集成平台：一方面，各种应用服务可通过服务构建层的统一标准和接口来互相访问，远程节点也可通过这些标准与接口访问由云计算中心提供的服务；另一方面，云计算管理层可通过服务构建层对各种应用服务进行调度和容错处理。

基于面向服务的体系架构思想，接口采用中立的方式进行定义，即独立于实现各种应用服务的系统硬件、操作系统和编程语言。各种应用服务能够以一种统一、通用的方式进行交互，具有服务规范性、服务抽象性、服务重用性和服务自治性的特点。

实时服务总线用于为构件提供服务接口、服务注册、服务查找、服务访问与推送等功能，可解除构件之间的耦合性，使得服务具有即插即用的特性。构件通过标准的访问接口接入实时服务总线，并完成互相访问、系统集成等操作。

服务构建层具有流程编排能力，即能够进行指挥与控制的流程编排。此外，服务构建层还提供了基于服务规范的开发规程和工具，以提高服务开发效率。

6. 应用层

应用层包括非战争军事行动应用、作战应用、一般业务应用和日常训练应用，内含态势分析、目标识别与跟踪、目标打击、作战推演、效果评估和精确后勤等功能。

由以上分析可知，基于云计算和海洋大数据的指挥与控制体系平台架构可充分发挥云计算的技术优势，以及面向分布式系统的资源汇聚、资源管理和资源调度功能，提高分布式系统的通信、存储和计算能力，在对数据的统一支撑、服务的生命周期管理、服务的交互管理、服务的可靠性和可用性管理方面提供支持，实现系统范围内的松耦合架构和应用。其层次化结构的“下层为上层提供支撑，上层为下层提供指导”特性，体现了该体系架构的灵活性和生长性。

3.5 基于云计算和海洋大数据的联合作战指挥与控制关键技术

大数据指挥与控制以数据（知识）为中心，是指挥与控制的一场变革。它除了要构建大数据生态及其网络环境，还涉及很多关键技术，包括大数据高速并行处理技术、大数据态势认知和综合深度推理技术、大数据智能决策分析技术、高速/大容量/自适应网络通信技术、嵌入式/平行仿真与可视化技术、实时大数据安全技术等。

3.5.1 大数据高速并行处理技术

在大数据应用过程中，关键问题之一是大数据高速处理问题，即各种作战应用系统对大数据的处理速度提出了更高的实时性要求。

海量大数据实时处理是一种以数据为中心（Data-Centric）的系统技术。大数据计算技术提供了使用集群计算机进行高速并行处理的能力，同时具有对计算任务进行自动分解、并发执行的功能。目前，最常用的大数据高速并行处理技术是 MapReduce。MapReduce 是一种支持计算处理程序并发执行的框架模型技术，包括两个过程：映射过程（Map）和归纳过程（Reduce），可对大数据进行预处理，并从中抽取重要的部分信息，以便进行更深入的分析和研究。其突出的特点是能处理各种非结构化的文本信息，支持批处理、内存计算、流计算和图计算等多种计算模式，能实现多种计算模式的资源分配与统一调度。MapReduce 的执行流程如图 3.13 所示。

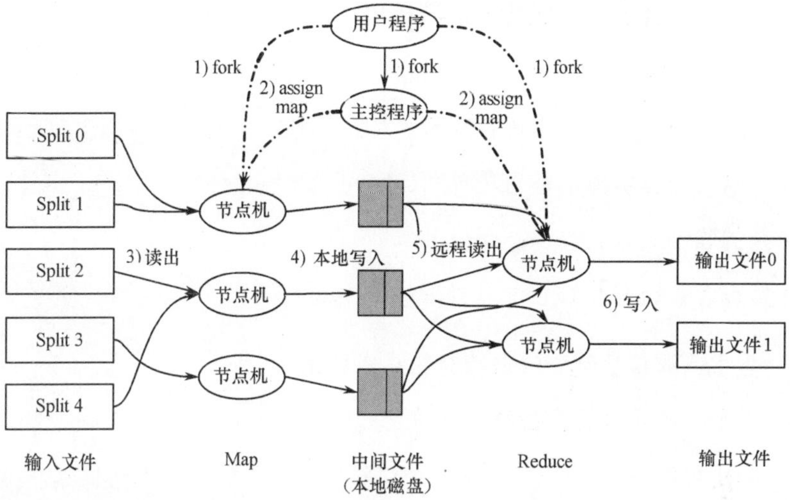

图 3.13 MapReduce 的执行流程

在大数据的分析与处理过程中，程序围绕着数据“转”。

- Map 实现对各分块数据的处理并产生中间结果。
- Reduce 完成对中间结果的归约。

输入、输出大数据均以<key,value>的格式存储。只要能实现映射过程和归纳过程，MapReduce 框架便会自动对任务进行划分，并做到高速并行处理。这种并行处理架构大大加快了大数据的处理和查询速度。

此外，MapReduce 采用数据分块方式进行存储（如最新的区块链存储及冗余存储），价格较低的服务器集群结构具有较高的性价比，利用容错技术解决存储节点的时效问题，可实现系统的高可用性，并最终通过计算和存储的融合技术来消解数据的存取问题，进一步加快了大数据的处理速度。

3.5.2 大数据态势认知和综合深度推理技术

在海上行动中，对态势的认知、推理和判断是作战指挥决策的关键。大数据态势认知和综合深度推理技术是指从实时、海量、分散、变化、异构的大数据分析和处理中获得对相关事物、现象和活动的深层次理解，得到决策所需要的条件和机会，进而做出判断的技术。大数据态势认知和综合深度推理技术需要认知，以及处理实体、行为、时间、空间、环境、任务、状态、事件、效果之间复杂的联动关系。

大数据态势认知和综合深度推理技术主要包括：

- 基于多源信息融合的态势智能生成技术。
- 基于深度学习的多特征目标技术。
- 基于智能学习、知识图谱、专家系统等的目标意图识别技术。
- 基于博弈推演、专家系统和态势模板生成的态势预测技术。

在具体应用中，大数据态势认知和综合深度推理技术利用大数据、区块链等技术，收集分散、多源、多维度、多层次、碎片化的数据，进行关联、汇聚和分析；通过深度学习、深度强化学习等智能学习和分析技术，对战场态势和目标特征信息进行自主抽取和聚类分析；面向使命和任务，基于目标、环境、作战空间、约束条件和反馈信息，进行大数据分析、智能学习、综合深度推理和博弈推演，以便获得对当前战场态势的深层次理解；在数据挖掘的基础上进行综合，形成更高层次的见解和认知，进行目标意图识别、态势评估和威胁判断。

3.5.3 大数据智能决策分析技术

大数据决策是大数据指挥与控制的核心。决策是建立在预测、博弈推演和对策分析基础之上的，需要识别敌方的行为和行为空间、任务和使命、策略和策略空间。然而，在实际行动中，目标行为、态势演变、战场环境等变得十分复杂，充斥着“迷雾”和不确定性，而激增的情报、数据隐藏着这个世界的知识和信息。因此，大数据决策需要通过大数据分析、智能学习和挖掘，在与知识互动的基础上进行博弈推演、决策分析，获取具有预见性的策略和谋略，同时得到所需要的条件和预期结果概率。

在大数据决策过程中，除了要应用传统的决策模型、专家系统等方法，还要针对目标任务，综合运用自主决策、强化学习、深度强化学习、Bayes 估计、决策树、模式识别、对抗神经网络、平行仿真等大数据智能决策分析技术，对作战时空进行认知，对敌意图和行为进行判别，基于目标、环境、战场态势演化进行对策分析、博弈推演，从行动时间、空间布置、策略设计等方面进行谋篇布局。

所谓智能，就是对环境或情景作出合乎目的的反应的能力，常常表现为学习和求解问题的能力，即面对问题、分析问题、提出问题、解决问题的能力，以及在发现问题、解决问题时创新性、建构性的思考。在大数据智能决策分析技术中，这一能力体现为如何基于大数据分析，在学习和博弈互动中提出对策、措施，具体技术包括：

- 面向稀缺和小样本的混合学习技术：例如，基于稀缺和小样本的认知学习技术；基于对抗神经网络的无监督深度强化学习技术；面向多任务作战认知的知识共享与记忆移植的迁移学习技术；模糊、不确定逻辑推理学习技术等。
- 作战时空行为认知与意图判断技术。
- 在不完全信息条件下的自主决策技术：例如，作战特征理解技术；博弈策略动态优化选择技术；面向关键特征和行为的注意力机制；面向自主决策的深度强化学习和 Bayes 估计等。
- 基于深度强化学习的多智能体协同决策技术。
- 多模智能人机交互技术。

3.5.4 高速/大容量/自适应网络通信技术

大数据应用的基础是网络。各种应用和数据集中在云端，需要在不同的云端和应用之间频繁地传递、交换数据和信息（要求实时、可信、可靠）。虽然在具有良好设施的基地中可使用有线、无线、卫星等多种网络通信技术，但在移动的、恶劣的环境下，需要依靠大数据通信技术来解决无连接、断续连接、网络延迟和低带宽等问题[5]。目前，主要采用高速/大容量/自适应网络通信技术来解决上述问题。该技术主要通过 OpenFlow 等技术将网络数据控制与数据平面相分离，即将网络数据流处理从控制数据流的逻辑和规则中分离出来，进而实现灵活选择路由、自适应地进行网络通信的目的。

3.5.5 嵌入式/平行仿真与可视化技术

海洋活动是复杂的、多元化的。海上态势瞬息万变，相应的行动计划往往难以实施。如何实时，甚至提前提供相应的指挥与控制信息，既是复杂环境下指挥与控制的关键，也是态势推演、态势评估的关键。

此时，可将嵌入式/平行仿真与实际的海洋行动虚实结合、并行同步，以便实时获取真实海洋行动的大数据，通过平行仿真与推演、预测评估结果，指导实际的海上行动指挥与控制。

大数据支持下的可视化技术可解决长期以来数据只能批处理而不能交互处理的现象。通过人与人、人与数据之间的图像交互，实时发现非结构化、非几何的抽象数据背后的本质问题，可为指挥与控制提供直观、形象、丰富的战场信息和隐知识。

5 在通信领域，这一系列问题又被称为 DIL 困局。

3.5.6　实时大数据安全技术

鉴于大数据的重要性，应针对大数据的应用进行实时保护，防止敌方对其进行攻击。

实时大数据安全技术主要包括云端的数据安全技术和网络设施的安全技术，主要用于保障大数据的来源安全、传输安全，防止、预防、检测、诊断各种入侵、干扰和破坏等，并对攻击做出反应。实时大数据安全技术的保护内容包括身份认证、访问控制、异常检测、补丁管理、数据备份及系统恢复等，使得云应用和基础设施在受到攻击时，甚至个别主机损坏和任务未完成的情况下，能够继续运行。

3.6　基于云计算和海洋大数据的联合作战指挥与控制活动内容

基于云计算和海洋大数据的联合作战指挥与控制活动围绕大数据收集、大数据预测、大数据决策、大数据监视与评估等展开，可并行或离线进行大数据的模拟仿真和试验。

本节主要针对在海上联合作战中，基于云计算和海洋大数据的指挥与控制活动内容进行介绍，包括作战空间和战场目标感知、态势认知和威胁判断、作战筹划和任务规划、联合作战行动和精确打击、战役战术评估、战场管理、后勤保障支持。

1．作战空间和战场目标感知

海上联合作战涉及多维的作战空间和复杂的战场环境。其时间属性、空间特征、各种战场环境要素是作战行动的基本依据和条件。由于海上联合作战涉及的空间广，海洋环境特殊，所以在海上联合作战的早期就应用大数据进行警戒、探测、搜索、监视、跟踪处理的效果尤为显著。

作战空间和战场目标感知的主要任务是发现并监控整个战场，以获得预见性的战场目标信息，即在有噪声、干扰的背景环境中，尽快发现、提取高价值目标或危险目标，尽早发现隐身目标、小目标和超低空快速移动的目标，并估计出有关目标的状态和属性。

作战空间和战场目标感知的能力大小可用战场感知度来表示，包括感知态势的完整性、实时性、清晰度、连续性，以及对目标身份识别的完整性、精确性等。战场感知度又取决于各种情报侦察系统、警戒探测系统和设备对战场信息的感知能力（发现目标的能力和识别目标的能力）和综合处理能力。这些战场信息主要包括：

- 失控区域和发生冲突区域的海洋环境，例如，气象、水文、地质、周围环境、人工建造物、港口、机场、基地等的相关情况。
- 海上目标的实时活动情况，包括战略目标、战术目标、机动目标、时敏目标、隐身目标、水上小目标、快速机动目标及其他特殊目标的活动情况。
- 敌方的人员、装备情况，以及通过大数据分析得到的敌方信息系统和电子对抗系统的相关参数。
- 敌方的作战模式和作战网络情况，以及敌方作战网络的重要节点和活动规律。
- 涉及信息战、空间战、网络战、电子对抗等的活动信息和关键参数。
- 敌方的目标平台（包括战略目标平台、战术目标平台、机动目标平台、时敏目标平台、隐身目标平台）和设备的属性、类型、威胁度信息。
- 我方及第三方的人员、装备、系统、网络、后勤情况等。

目前，在大多数战场作战空间的目标感知处理系统中，融合图像和数据、生成战场态势是一个分级处理、逐层综合、集中生成的过程：首先，底层基于本地区、本专业的战场信息进行加工处理；然后，逐层上报，进行融合处理；最后，形成一个统一的战场态势图，提供给各级、各类的作战指挥机构、作战部队和武器平台使用。其本质仍是一种层次化的结构，时效性差，反应速度慢，信息处理的灵活性不足，不能满足不同层次和同一层次的不同用户的信息需求。战场信息来源于雷达（预警机）、电子对抗、技术侦察、人工情报、互联网及各类数据库。它们都将最终反映到作战态势上，并可视化为战场态势图。不同层次的战场态势图如图 3.14 所示。

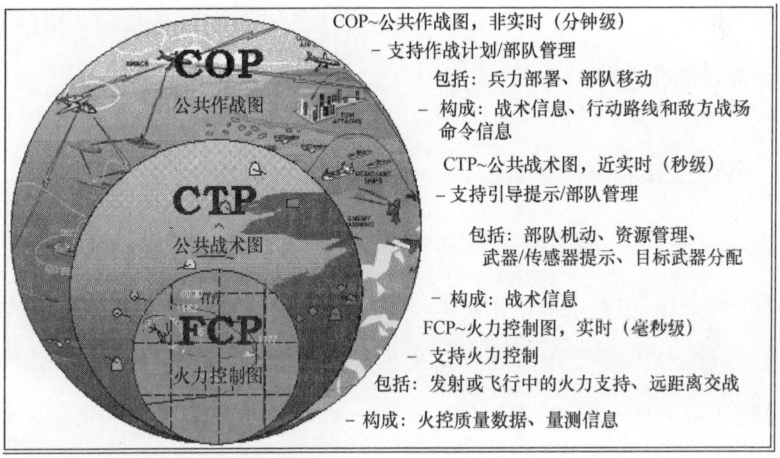

图 3.14 不同层次的战场态势图

战场态势图由包含公共作战图（COP）、公共战术图（CTP）和火力控制图（FCP）在内的，从战略、战术到火力控制三个层次的互操作信息图构成[6]。

- COP、CTP 用于提供对某个作战区域的一个公共的图形化描述，包括：敌我兵力、火力位置和状态信息；部队的调遣信息；相关的天气、电磁、作战评估的信息；相关的特征及规划信息（如作战计划、飞行器

6 何佳洲. 战场态势图互操作性及其关键技术分析[J]. 指挥与控制与仿真，2010(1)：1-7.

穿越区域情况）等。其中，COP 主要由用于任务规划和部队管理的非实时战术和战略信息组成，例如，敌方和我方的行动路线、与敌方有关的先验知识，以及文化、政治和地理的特征信息等；CTP 主要由用于提示、管理战场兵力资源（包括传感器、通信系统和武器等）的实时/近实时战术信息组成。

- FCP 主要由实时的火力控制质量数据、量测信息组成，用来支持武器的发射，同时对飞行过程实施引导。可将 FCP 理解为战术层面和火力层次的单一合成图（SIP），包括单一合成空情图（SIAP）、单一合成陆情图（SIGP）、单一合成海情图（SISP）、单一合成地下和水下图（SIUP）、单一合成太空图（SISPP）及单一合成情报图（SIIP）等一系列综合态势图。

2. 态势认知和威胁判断

战场态势是一个具有全局性和整体性的概念，即由兵力/兵器部署、运动所构成的状态和形势。对于海上联合作战而言，战场态势是对敌我双方兵力/兵器投入、兵力/兵器分布情况，以及在战场环境中的行动与互相作用的综合，反映了敌我双方的战略/战术思想、意图，以及其他诸多因素（例如，气象、水文、地理、外交、装备性能等因素）对行动的影响。

态势认知和威胁判断是作战指挥和决策的依据，是在指挥与控制系统完成对战场目标的状态融合和属性识别之后，在认知域和社会域中进行的一个复杂的、高层次的动态综合过程。其衡量指标是对当前态势的认知及推断与真实态势相符的程度。

也就是说，战场态势因敌我双方为实现作战目的、意图所进行的兵力部署和作战行动而形成。其内在形成原因与作战任务、作战意图等相联系。相应的，态势认知就是在一定的环境条件下，将当前表面观测到的敌我双方力量分布、活动情况、趋势与战场环境、战略/战术意图、待机力量、打击能力、机动性能等信息有机地联系起来，对战术画面进行解释，得到对敌方兵力结构、特点和战场形势的估计，辨识敌方的作战目标和作战计划的动态过程。态势认知内容包括：

- 对当前环境内实体的认知。
- 对特定环境中要素的理解。
- 对实体、要素相对于目前所考虑问题的意义和作用的理解。
- 在一个有意义的较长时间内动态地把握态势整体行为的演变趋势。
- 发现敌方的动机、意图，即综合敌我双方的力量部署、作战能力，以及地形、地理、气象、水文等环境因素，参照已有的信息，分析和确定事件发生的深层次原因。

基于云计算和海洋大数据的态势认知活动内容主要包括：

- 样式识别：明确敌方作战目标，分辨不同的作战样式。
- 目标聚类：建立目标之间的相关关系，包括时间关系、空间关系、通信连接和功能依赖关系，形成对态势实体的属性、类型、编队、位置等的判断，将目标按一定的规则（相关类型、共同作战任务、相同或相似的航迹），并基于协同效应将兵力划分成相对独立的战术编队或群（例如，空中突击群、航母打击群、两栖登陆群、网电攻击群、支援保障群等）。
- 事件/行动聚类：建立各作战实体在时间轴和任务上的相关关系，从而识别出有意义的事件、相关实体间行动的联系，以及对态势实体行动的判断。
- 相关关系解释/融合：综合分析与战场态势相关的因素，包括天气、地形、海况、水下环境、敌方政策，以及社会、政治、经济等因素，并给出合理解释。

- 多视图评估：从多个角度、多个方面来分析数据，并分析环境、策略等因素对作战结果的影响。

由此可以看出，态势认知是一个由此及彼、由表及里的过程。在态势认知和知识互动的基础上，威胁判断是把能力估计和意图估计有机地结合起来，利用不同层次的战场态势图进一步估计作战结果的严重性，分析、判断敌方目标，以及可能采取的行动对我方的危害程度（可分为4个等级：极强、强、中、弱）的过程。

3. 作战筹划和任务规划

作战筹划和任务规划，即在作战中围绕作战使命和任务，在战场态势的博弈推演、行动反馈的基础上，基于目标、效果和约束条件，协调并管理各种作战实体和资源在物质、运动、时间、空间、效能中的关系，制订作战计划，优化配置作战资源，进行任务规划和战法设计，并实时监控、动态调整的过程，是大数据指挥与控制的核心内容。

在作战筹划和任务规划的过程中，将根据作战意图和博弈推演结果进行任务分配、策略设计、方案选择、资源调度、行动优化论证等。

对于非作战行动而言，作战筹划和任务规划是一种统筹安排和计划；对于作战行动而言，作战筹划和任务规划是一种活力对抗和博弈推演。

作战筹划和任务规划涉及海上联合作战的各个阶段和方面，例如，海上航渡、海上兵力集结、海上警戒、海上拦截、海上攻击、海上保障与救援等。

4. 联合作战行动和精确打击

对于不同的战略、战术和火力控制要求，以及对于不同的决策者和执行器来说，所需要的信息，以及信息的详细程度、清晰度和刷新率是不同的。在时空一致性、用户定义视图（UDOP）的前提下，联合作战行动和精确打击活动基于不同人员（不同层次的人员，以及同一层次的不同人员）、平台和系统的信息需求，以信息传输网络为纽带，各处分布的信息处理节点按照统一的技术标准、安全措施，按需对陆地、海洋、空中、太空、电磁的情报、信息和图像进行多元化的融合处理，并应用于作战行动中。联合图像/数据处理系统采用面向服务的网络体系结构，可保证各信息处理节点间的关系扁平、按需组合、高效传输、冗余连接、抗毁性强。联合图像/数据处理系统能够接收、融合、利用、存储、分发来自不同战略和战术传感器（包括数据链）的雷达图像信息、电子对抗图像信息、技术侦察图像信息、气象图像信息及基于图像的侦察报告等，从而在舰载战斗机、弹道导弹武器系统、舰炮武器系统、无人机、潜艇中实施火力支援、远程精确打击行动时，提供对目标识别、跟踪和定位的能力。

联合作战行动和不同平台上的精确打击可依靠联合图像/数据处理系统生成的战场态势图进行指挥与控制及对目标实施精确打击。

通过大数据分析、模拟、细分战场，可实时掌握海上联合作战的态势及变化，创新海上联合作战的行动模式，准确寻找攻防体系的网络节点和作战目标，从而实施精确打击。

5. 战役战术评估

战役战术评估是一个基于物理观察和后续效应，对战役的战术效果进行评估的过程。

6. 战场管理

战场管理是一个根据目标、环境、使命、任务、资源分布，对战场及其运行进行管理、组织、统筹、协调的过程，包括战区划分、人员安排、资源分配、物流调度、规章制度、在评估的基础上实施控制等，是提高指挥与控制的效率和效能的重要手段。

7. 后勤保障支持

后勤保障支持是对海上联合作战进行包括资源保障、技术保障、勤务保障在内的后勤保障支持，以便能够进行持续作战。

3.7 基于云计算和海洋大数据的联合作战指挥与控制活动过程

大数据指挥与控制的本质是客观知识世界的大数据经由主观精神世界对客观物质世界的一种组织和管理。相应的，基于云计算和海洋大数据的联合作战指挥与控制活动过程，即是应用相关的云计算和大数据完成海上行动的使命和任务的组织、管理过程。相对于机械化时期以各级指挥官为决策主体的指挥与控制，以及信息化时期基于信息系统的指挥与控制，在基于云计算和海洋大数据的指挥与控制中，客观知识是作战指挥与控制的主体，是决定战场信息优势、决策优势和行动优势的核心要素。其活动过程围绕海上行动的最高使命和任务展开，涵盖大数据收集、大数据预测与决策、大数据推演与评估、人工计划、协调与管理等。

3.7.1 大数据收集

基于云计算和海洋大数据的联合作战指挥与控制主要依靠来源广泛、多元的大数据（不仅包括历史情报信息、技术情报信息，而且还包括覆盖“所有角落”的事物现象和活动信息）。

海上行动的使命和任务具有多样性，为了全面、快速地预测、感知相关的战场形势和海洋态势，海上行动的指挥与控制应尽可能多地掌握和控制各种情报、信息和数据，包括海上多源传感器感知、网络信息获取、人工情报等。例如，为了维持对某海域形势的实时感知，不仅需要通过舰船、观通站等渠道获取传感器数据，而且还需要通过电视新闻、互联网等渠道获取社会情报。

大数据收集分为两种：海上技术情报收集和人工情报收集。随着海洋斗争的加剧及海洋活动数量的不断增多，一些海洋大国开始依托已有的知识、数据中心、情报中心及无所不在的社会情报网络（如近年来兴起的物联网），构建技术与人工有机统一的情报信息收集、获取体系，以便进行海洋监视、目标信息的分类/识别/跟踪活动。

出于效率和不同需求方面的考虑，在大数据收集的范围、时限、重要内容等问题上，通常是有选择、有重点的。例如，可在重点海域、关键领域进行重要问题、关键信息的收集。

3.7.2 大数据预测与决策

正所谓“预则立，不预则废”，大数据预测与决策是联合作战指挥与控制的核心活动。预测是决策的前提，决策是预测的结果，预测和决策互相交织，共同指导客观物质世界的行动。这是一种复杂的、综合的、连续的高级认知和判断活动，特别是对于海上联合作战而言，更是一种活力对抗和博弈的活动。

在海上联合作战中，大数据围绕战场态势及其变化，依托统计性的搜索、比较、聚类、相关分析和高层信息融合等操作，形成对战场时间、空间、行动效果的多维理解，进而形成一种对未来趋势的科学判断，对行动进行指导。

大数据预测与决策的主要内容包括对态势的智能认知与理解、深度强化学习和评估、自主决策与筹划、快速认知和计算等。例如：

- 通过分析相关环境（包括地理、气象、水文环境、人文环境等）和约束条件，进行跨域、多元的感知计算，获得预见性的战场空间感知，判断正在发生的情况。
- 实时分析海上态势，进行态势评估和威胁判断，分析正在发生的事件，判断敌方的意图，预测事态发展的变化趋势。
- 博弈推演事态发展的变化趋势，进行综合深度推理、创意学习、决策分析，展开行动筹划和任务规划。

3.7.3 大数据推演与评估

客观知识世界的大数据推演和客观物质世界的实际行动是平行的、交互的、一致的、相关的。不同于机械化的指挥与控制和基于信息系统的指挥与控制，大数据指挥与控制的一个突出特点是虚实并行。

大数据推演与评估是大数据指挥与控制的显著特征，即在客观知识世界，通过大数据模拟、推演和评估，指导客观物质世界的实际行动，通过客观物质世界的实际行动获取真实的结果和实时大数据。大数据推演与评估主要包括：

- 实时在线的嵌入式/平行仿真与推演。
- 非在线的预先模拟评估和事后总结复盘。

3.7.4 人工计划

人工计划是基于云计算和海洋大数据的联合作战指挥与控制的重要内容和环节。所谓计划，就是在大数据预测和决策下，为完成任务、达成使命，以主观精神世界的人为主导，根据客观物质世界的环境和条件进行规划、制订方案、谋划方法的活动，是由客观知识世界的知识、主观精神世界的人的追求、客观物质世界的环境共同作用的产物，其主体是客观知识世界的知识。

人工计划活动突出了主观精神世界中的人的思维、情感、价值取向等在大数据指挥与控制中的作用和地位，是由人类社会指挥与控制的最终属性决定的，贯穿于大数据指挥与控制的始终。

3.7.5　协调与管理

基于云计算和海洋大数据的联合作战指挥与控制活动还包括协调与管理：一方面，协调与管理是指挥与控制活动自然扩展出来的功能；另一方面，协调与管理是提高指挥与控制活动效率和效能的必然要求。

协调与管理主要包括组织协同（包含构建作战指挥系统）、行动协调和资源管理三个方面。

3.8　基于云计算和海洋大数据的指挥体制与控制机构

海上联合作战的运行以知识为驱动，以集中于各种云端的信息为主导，其本质是扁平化的。与传统的指挥与控制机构和基于信息系统的指挥与控制机构不同，针对海上联合作战而言，基于云计算和海洋大数据的指挥与控制机构侧重于协调管理、数据保障、指示执行和安全控制。

指挥与控制机构是指挥与控制的组织机构，不同的指挥与控制机构可反映不同时代下的指挥体制与控制机构。

- 在工业时代，指挥与控制机构以等级组织结构组织各种行动。
- 在信息时代，指挥与控制机构通过各种网络，并以网络为中心自由地开展各种社会活动和行动。此时的指挥与控制机构趋于扁平化。

- 在大数据时代，全源信息高度融合，深化了网络中心战的理论，指挥与控制机构由多维数据融合驱动，指挥体制、控制机构、作战模式进一步发生变化，变得更加敏捷、高效。

3.8.1 以海洋大数据为中心的指挥体制

指挥体制是指挥行动所采用或建立的组织体系和相应制度，包括组织机构设置、职能划分、指挥关系（指挥关系包括固定的隶属关系、相对固定的配属关系、临时的支援关系与协作关系）等。指挥体制有垂直树状的等级指挥体制、扁平分布的边缘指挥体制及各种衍生混合的指挥体制等。采用或建立何种指挥体制取决于历史传统、文化、现实环境和技术发展水平。

为了保证指挥集中统一、政令畅通，同时规避混乱，机械化战争时期的指挥与控制和基于传统信息系统的指挥与控制大多采用由上而下的树状层次等级结构。相应的指挥体制尽管有不同形式，但大多为垂直树状的集中等级指挥体制。例如，基于传统信息系统的海上联合作战的树状层次指挥体制如图 3.15 所示，即按照权力的大小，由高到低地将指挥体制划分为多个层级：最高统帅部（总参谋部）、各军（兵）种司令部、海上联合作战司令部（海上联合作战指挥中心）、支（联）队指挥中心、海上平台指挥与控制中心、战位部门。与这种指挥体制对应的，基于传统信息系统的海上联合作战的职能等级划分如图 3.16 所示，即与这种由上而下的树状层次指挥体制对应的职能等级可划分为参谋长联席会议主席（总参谋长）、联合作战司令官、海上联合作战指挥官、支（联）队指挥官、平台指挥官、战位指挥官。在这种指挥体制中：由上级指挥或授权下级，下级绝对服从上级；职能等级越高，权限越大；职能等级越低，权限越小；下级获取的信息沿着指挥体制由下而上逐层上报，上级的指令沿着指挥体制由上而下逐层下达。

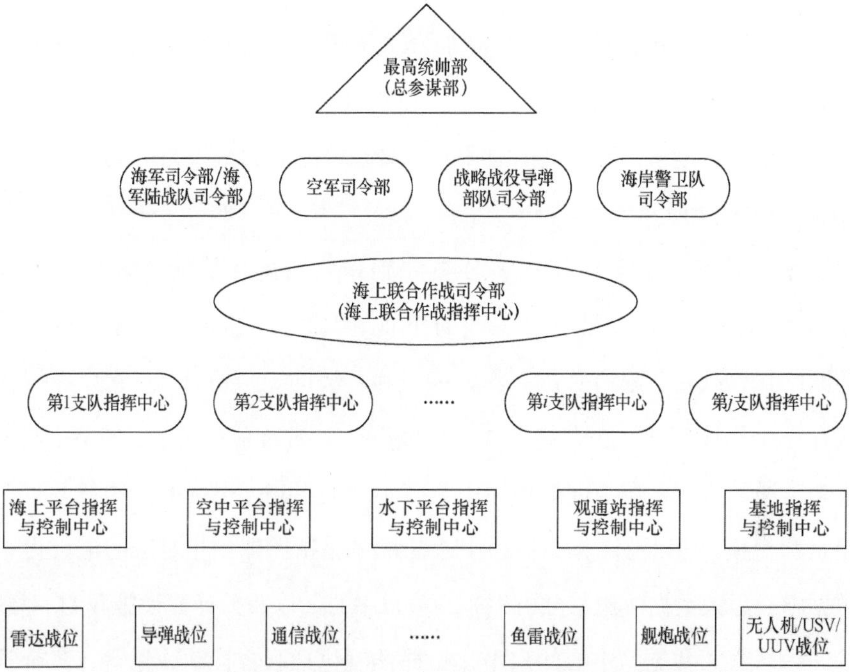

图 3.15　基于传统信息系统的海上联合作战的树状层次指挥体制

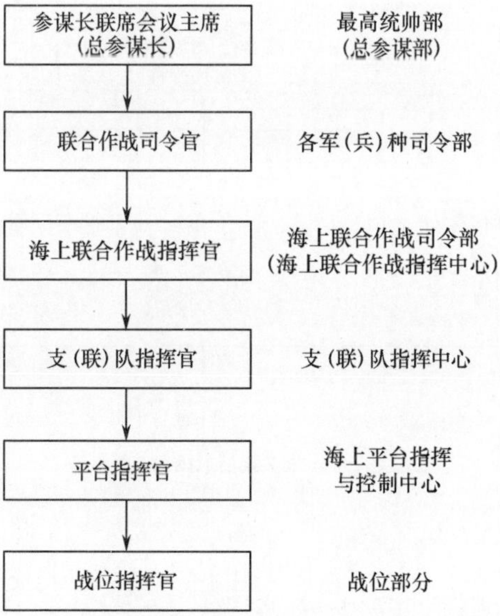

图 3.16　基于传统信息系统的海上联合作战的职能等级划分

与树状层次的指挥体制不同，以海洋大数据为中心的扁平化指挥体制将所有战略、战役和战术运算转入并集中于相应的作战云中，全源信息高度融合，不再仅仅依靠本地资源，可向所有用户开放。以海洋大数据为中心的扁平化指挥体制如图 3.17 所示。

这是一种新型的集中指挥、分布控制和分散执行的指挥体制。作战云（Combat Cloud）是大数据时代最新的作战组织形态，是一种基于跨界、跨空间的网络化作战目标进行作战资源、能力和环境的虚拟组合[7]。 它以虚拟化的形式存在于作战空间。在网络化作战环境下，作战云具有广域、跨界、分布、动态、连通等特点，在不同的环境中具有不同的形态，根据不同的任务有不同的组合和规模。与以海洋大数据为中心的扁平化指挥体制相对应的配套设置包括数据中心、大数据决策与分析中心、情报中心，以及云计算设施和 IT 基础设施等。以海洋大数据为中心的扁平化指挥体制包括联合行动计划官、联合行动协调官/平台执行官、首席信息官/信息官、网络通信官、大数据信息技术人员。

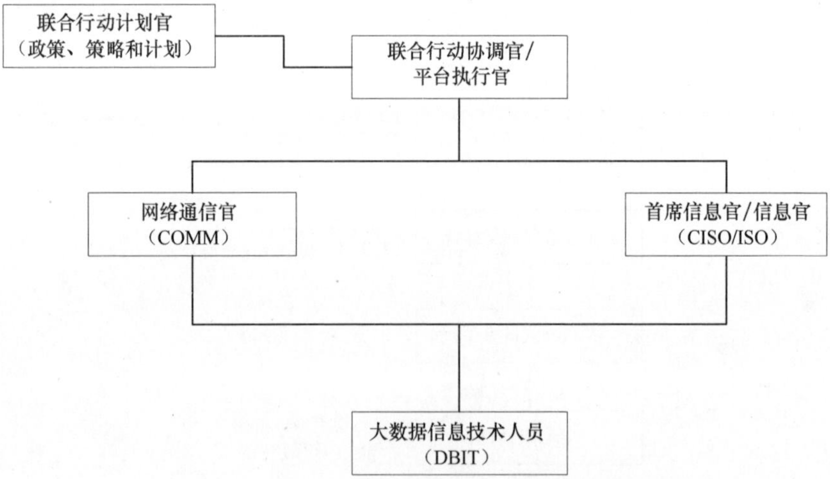

图 3.17　以海洋大数据为中心的扁平化指挥体制

7 作战云是 2014 年 10 月由美国空军作战司令部的 A.德普图拉在一次讨论如何应用 F-22 作战时提出的一个概念，强调海洋、陆地、空中、太空、网络的跨域协同与按需聚散。其核心理念是融合。

- 由联合行动计划官发布政策、策略和计划，提出联合行动的使命和任务，其常驻于中心节点。
- 联合行动协调官/平台执行官不仅负责联合行动，执行使命和任务，而且还负责大数据、云计算设施的运行，以及与联合行动计划官一起行使最高职能。
- 基于数据中心和平台的首席信息官/信息官，与网络通信官、联合行动协调官/平台执行官共同实施大数据预测、大数据决策、大数据监视与评估等大数据指挥与控制战略，进行大数据联合作战、战场管理、精确火力控制及海上应急救援等行动。
- 大数据信息技术人员负责具体技术的实施与维护。

由此可见，以海洋大数据为中心的指挥体制聚焦于扩展、增强和提升现有数据的处理框架能力，将作战、指挥与控制、侦察、监视、后勤等所有大数据分析都集中于云端，通过全源信息高度融合来提升作战效能，进行作战识别、预警指示、确定敌人的意图和位置，以及增强网络空间、电磁空间的攻防能力。这种指挥体制是扁平化的、开放的、可伸缩的。这种体制可共用资源、共享信息、互相推动知识和算法，由认知进行智能驱动，困扰树状层次指挥体制的部署、冗余、扩展性和灵活性等问题都变得简单了。

在海上联合作战中，聚焦于云端的海洋大数据指挥与控制关系示意图如图3.18所示，即以国家陆基核心节点、前沿岸基部署节点构成海上联合作战的战略云设施，以舰载-部队/群部署（中心）节点，海基/陆基/空基/潜基边缘节点构成海上联合作战的战役战术云设施，不同类型的云设施通过天基路由卫星、固定翼有/无人机、飞艇等互相连接，从而构成各种海上编队战役战术云。

承担不同任务的作战平台扮演“云”来“云”去、“云”出“云”进的角色：各个编队战役战术云可通过卫星互联，在无连接、断续连接和有限带宽的环境下，实现陆-海、空-海和陆-空之间数据的互操作及实时/近实时的分析。

边缘节点可创建、阅读、更新和删除某些基本数据。基本数据包括用户账户和记录、电子邮件、PPT 文件，以及各平台在日常运行过程中产生的其他特有数据。创建的数据存储在边缘节点的数据中心。

部署节点可根据请求将数据通过部队/群使用的通信链路传输到所需要的地方。因为部署节点拥有部队/群最大的数据中心，所以从部署节点、边缘节点接收的数据一般都存储在部署节点，部署于核心平台。例如，在航母编队、两栖作战编队、护航编队中，将在航母、两栖指挥舰等核心舰艇上设置部署节点，以便提供整个编队战役战术云的服务。

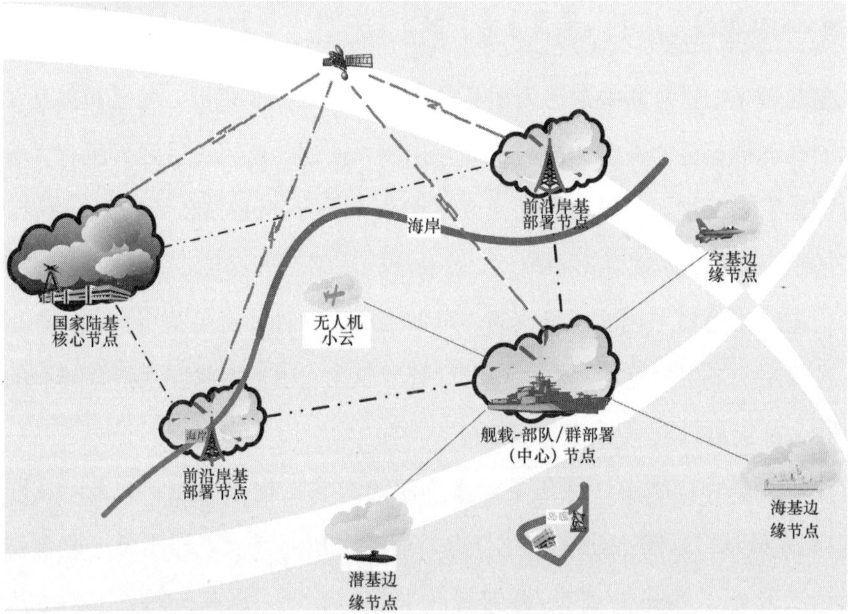

图 3.18　聚焦于云端的海洋大数据指挥与控制关系示意图

3.8.2　以云计算为中心的控制机构

大数据指挥与控制需要围绕具体行动的使命和任务，实时反映和体现行动的政策、策略、计划，形成和控制云端，保障大数据的来源安全，抗击各种入侵、干扰和破坏，纠正偏差。基于云计算和海洋大数据的指挥与控制是将云计算引入控制系统，在云端利用深度学习等智能算法，结合网络化控制、数据驱动控制等方法实现自动控制。这种控制的范围广，涉及不同方面、不同层级的内容，可由多个控制机构以协作或合作的方式完成任务。

1. 云端的组织与调控机构

云端的组织与调控机构借助云计算和网络化控制的优势，在大数据云端利用深度学习等智能算法进行复杂感知计算、统筹协调、系统决策等处理，生成调度计划、预测控制序列及其他有用的信息，从而实现系统组织和智能控制。

云端的组织与调控机构负责在作战网（移动互联网）的基础上融合、聚集相关的作战资源和力量，形成具有特定功能的云端，使得单一作战单元向云端作战云转化。在云际交互和云作战时，云端的组织与调控机构根据任务需要和环境变化，通过通信网络信道实时调控、监视、调整作战云的组成、规模和形态，并及时对变化做出反应。

2. 数据保障与支援机构

数据保障既是进行大数据指挥与控制的前提和基础，也是实施云计算的要求。数据保障与支援机构负责保障数据的来源、数量、种类、质量、存储、恢复，以及数据的可用性和可信性等。相应的数据保障与支援机构包括数据中心、情报中心和网络中心。

3. 数据通信控制与信息安全机构

数据通信控制是在无连接、断续连接和低带宽的环境下（例如，在海上恶劣的气象环境及强电磁干扰的情况下，网络连接、通信质量、通信速率等都将受到严重影响），通过监测和网络控制来选择最有效的通信方式和路由策略，确保区域内及时连通数据、有效转移服务器故障、访问各种应用及大数据指挥的通畅。

信息安全将直接关系到大数据指挥与控制的有效性和成败，包括数据安全和网络设施安全两部分。

- 数据安全是指云端的应用程序和数据安全。
- 网络设施安全是指网络和服务的可用性。

相应的信息安全机构是安全中心，负责进行身份认证、访问控制、异常检测、补丁管理、数据备份、系统恢复、隔离不同保密级别的数据和应用等。

第 4 章 基于大数据的海战场管理与火力控制

随着大数据指挥与控制观的确立，在战场管理层面和战术层面，海战场管理和火力控制将网罗和采集包括小数据在内的时空定位、资源目录、目标信息、作业排序、设备状态、关键电子参数、移动数据等海量信息。当海量信息、网络提供能力与创新性的作战思想和管理思想相结合时，将引发海战场管理和火力控制的革命。本章首先介绍作战时空的概念，然后在此基础上介绍基于大数据的海战场管理和火力控制问题。

4.1 作战时空

现代战争是多域体系的联合作战，需要各个作战实体和单元协同完成任务。时间、空间和作战资源是作战活动的三大要素。如何把握作战时间和空间，科学管理和运筹战场资源，将关系到作战行动的成败和基本面。这就需要深刻理解时间和空间，灵活运用作战时间和作战空间的辩证关系，科学筹划、运用战场资源，保持时间统一、空间一致、全局和局部的战场态势一致，控制因时间问题、空间问题和战场资源问题引发的混乱和恶性事故。大数据将为控制作战时间和作战空间、管理相关资源提供全面、准确的信息和实时的数据。通信、传输设备成为战场管理的必需品。

4.1.1 作战时空的概念

物质总在一定的时间和空间运动。时间、空间（可简称为时空）是物质运动的存在方式，与物质的运动变化紧密相连，是物质运动的两个基本属性。

- 时间：在物理学领域，时间表示两个事件之间或一个事件持续的间隔，又或是其中的某个时刻，用以刻画物质运动变化的过程，是不可逆的。显然，时间在人类组织生产、生活和社会活动中具有重要意义。时间的建立需要一套标准系统，即时间计量系统。例如，在太阳系中，定义地球自转一周为 1 天，地球围绕太阳运转一圈为 1 年，从而构成全球天文时系统。随着物理学的不断发展，为了更精准地度量和统一时间，人们将铯 133 原子基态的两个超精细能级之间的固有振荡周期的 9 192 631 770 倍定义为 1s，构成原子钟系统。
- 空间：空间表示事物存在的场所，在宏观物理世界中，空间常用各种无限延伸的三维坐标表示。

由于在宏观物理世界中，时空参考系是绝对的，因而宏观物理世界的时间又被称为绝对时间，宏观物理世界的空间又被称为绝对空间。绝对时间和绝对空间可被统称为绝对时空。它们互相关联，统一于客观物质世界。由于在同一个参考系，各个点的时间是一致的，因此这一特性被称为时间一致性。由于不同点的位置坐标可以统一变换，因此这一特性被称为空间一致性。时空关联和时空一致性是战场控制论的基础。

在作战行动中，各种人员、系统、作战平台和设备总在一定的时间、空间活动。其中，活动的过程统一利用作战中的“时间计量系统”度量并标记，即作战时间。作战时间包括两方面的含义：

- 一是作战活动开始的计量起点。
- 二是作战活动经历的时间长度。

相比宏观物理世界中的绝对时间，作战时间既具有绝对性，又具有相对性，是绝对性和相对性的统一，即在作战活动中，计量时间是绝对的，作战活动的计量起点是人为确定的，具有相对性。例如，选定某个活动的发起时间作为作战时间的计量起点，或者选定某个平台的时间作为所有活动的作战时间基准。一旦选定作战时间的计量起点和基准，则所有作战实体的活动都需要在统一的作战时间内进行，并遵循一致的时间标准。这一特性被称为作战时间的一致性。作战时间计量的粒度有大有小，常用的计量单位有μs（微秒）、ms（毫秒）、s（秒）、min（分钟）、h（小时）、d（天）等。作战时间的概念对于作战系统的有序运行意义重大，其关键在于统一的标准，各个作战实体只有遵循统一的作战时间标准，作战活动才有意义。

作战空间，即作战活动发生的场所，是作战实体活动的领域。在以地球为参照系的宏观物理世界，作战空间是三维立体的物理空间，通常表现为地球上的地理空间，即陆地、海洋、空中、太空。在不同的坐标系中，作战空间可以进行坐标变换并保持一致性，这一特性被称为作战空间一致性。随着人类认知的不断深入，现代作战空间的概念已大大拓展，除了物理空间，还有电磁空间、网络空间和心理空间。它们统一并存在于客观物质世界。网络空间和电磁空间有时又被人们称为赛博空间（Cyberspace）。不管哪种性质的作战空间，都是一种客观存在，对于不同的作战实体，空间都是相同的、一致的。近年来，赛博空间在作战空间中的重要性和价值变得越来越大。

4.1.2　作战时空的一致性

目前，作战时空已成为作战的基本要素，并统一于作战活动中。在海上联合作战中，为了实现平台、系统、装备的联合与协同，需要统一作战时间，精确度量作战时间和作战空间，实时、准确地获取各平台的作战空间及其位置。然而，平台、系统和装备在空间上的分布通常是分散的，不同来源的目标信息获取往往是非同步的、不完整的。这就需要解决节点时间对准、空间对准、航迹质量优化、ID 差异消除等时空一致性的问题，科学运筹、管理和控制作战时空。例如，美军为了执行全球行动战略，在作战时空中依托 GPS 系统、惯性导航系统、美国国家标准技术研究所、美国海军天文台等建立了国家公共时空基准体系[1]。该体系由时间基准、空间基准、时间分发和用户基础设施等构成，包括原子钟、数据链通信信道、卫星定位导航信息、长波授时信息等，可提供一个具有长时间准确度的连续时间基准和具有较低相位噪声的、准确的、连续的公共基准频率源，能在恶劣和异常的情况下连续输出信号，以及各种编码格式的时间和频率信息。各个作战单元的系统和设备具有自己的内部时间，由统一的时间基准来对准。作战单元的空间位置坐标可先由某个坐标系下的观测装置定位，再统一到公共基准坐标系中。

为了解决由传感器量测周期和处理周期不同导致的时间不一致现象，通常采用简单、实用的内插外推法。为了解决不同空间坐标系下的空间不一致问题，通常采用贝塞尔（Bessel）大地主题算法，将由不同平台、不同位置的传感器探测到的相对目标位置信息转换到同一个空间坐标系下，操作步骤如下：

- 对入网信息源的类型进行分析，确定基准信息源。
- 运用合作/非合作目标平台和传感器偏差估计器模型，动态估计出不同类型平台的偏差和传感器在某个区域的偏差。
- 在估计出的偏差基础上添加原来的探测信息，去掉通信时延，完成对信息、数据的校准。

1 何佳洲. 战场态势图互操作性及其关键技术分析[J]. 指挥控制与仿真，2010(1)：1-7.

例如，在美军的协同交战能力（CEC）系统中，为了满足武器协同交战时间的同步要求，该系统在每个节点上均设置一个原子钟，使得数据分发系统（DDS）能在规定的时间内完成微秒级的精准时间同步。空间定位误差可由各个作战平台利用自身的惯性导航信息、GPS 信息，以及与某个基准平台的互探测定位误差信息进行控制和消除。

作战时空的应用主体是各个作战系统、平台和设备。

4.2 海战场空间管理

现代战争是多域体系的联合作战，需要各个作战单元和实体协同完成任务。作战平台、兵力/兵器的空间部署能力及空间机动能力的大幅提升，展现出从时间协同到空间融合有机统一的态势：远程预警、精确制导、超视距打击、电子干扰……作战样式转换频繁；时空转换节奏大大加快；实现目标的手段和方式多样；作战活动变得快速而复杂；饱和攻击、远程精确火力打击成为作战的基本手段。

空间是作战的基本要素。作战空间管理就是围绕各个作战实体对空间的使用，协调、组织和运筹作战空间，发挥空间在作战中的最大效益和效能。对于海战场而言，随着作战要素进入电磁空间、心理空间及网络空间并产生价值，海战场的概念和内涵也发生了深刻的变化——海战场变成了海上联合作战的空间，除了包含相关区域的海面空间、水下空间、空中空间、岛礁空间、毗邻的陆地空间，还包括无限的太空空间、电磁空间、心理空间和网络空间。它们互相联系，形成整个海战场空间。

本节将从海战场空间的组成、海战场空间的态势控制、海战场空间的态势控制方法等方面对海战场空间管理进行介绍。需要说明的是，本节仅对有形的空间管理进行分析，没有涉及电磁空间、心理空间、网络空间等无形空间的管理。实际上，海战场空间管理是一个全局的概念。这些海战场空间互相影响、互相制约，从而构成一个不可分割的、与多因素相关的整体。

4.2.1 海战场空间的组成

1. 海面空间

海面空间是海平面范围内有形几何空间的总称，包括海平面、海岸、岛礁、海峡，以及海平面上方目视范围内的天空、海平面下方目视范围内的水体空间。

海面空间主要是各种水面舰船平台、低空飞行器和潜水器的活动空间。由于单传感器和单一类型的传感器存在不可避免的弱点，所以海上情报、侦察、监视系统已跨越传统的舰船平台，传感器也从单一类型的传感器发展到多种类型的传感器，从就近探测发展到主动侦察。例如，通过无人空中平台、水上平台、水下平台对远距离的可疑目标区域进行侦察和探测。海上警戒探测体系的主要构成有岸基观通站、岸基远程预警雷达系统、空中预警机、侦察机、舰载无人机、水面侦察船、舰载警戒探测系统等。这些平台和系统载有各种地波/天波警戒雷达、侦察雷达、搜索雷达、导航雷达、声呐、磁探仪、光电照相与跟踪设备、敌我识别器、电子侦察与告警装备等。这些装备和设备通过有线或无线链路形成一个全方位、大纵深、立体化、可全天候侦察和监视的分布式海上警戒探测体系。各平台传感器将探测到的目标信息（如距离、方位、速度、频率、振幅）和环境信息，及时、按需地向其他平台传递。

2. 太空空间

太空是指海平面大气层以上的空间，包括临近空间（21～120km）、近地空间（121～150km）、近宇宙空间（151～2 000km）、中宇宙空间（2 001～50 000km）、远宇宙空间（50 001～930 000km）、星际空间。

太空空间主要是各类空间预警侦察卫星、空间站、空天飞机、洲际弹道导弹、临近空间飞行器的活动空间。这些卫星和临近空间飞行器利用光电红外传感器、无线电侦察与探测设备、合成孔径雷达等设备从太空轨道和临近空间对目标进行电子侦察、成像侦察、轨道监视、导弹预警、海洋监视、地形测绘，从而收集空间的各种军事情报和信息。与其他方式比较，空间侦察具有侦察范围广、速度快的特点，不受或基本不受国界和地理条件的限制，能取得其他侦察手段难以获得的情报。

3. 空中空间

空中空间是指海平面以上、临近空间以下的空域（0～20km），可分为低空、中空、高空。空中空间是各类固定翼飞行器、旋转翼飞行器的活动空间，主要包括各种有/无人侦察机、侦察直升机、预警机，以及舰载对空警戒探测系统、岸基对空警戒探测系统等，以便完成对指定区域低空、中空、高空的目标探测和搜索任务。

4. 水下空间

水下空间是海平面下方目视范围以下，直至海底的空间（深度从水面到水下几千米不等）。

水下空间是各类潜航器活动的空间，用于对水下目标的探测与跟踪，主要包括反潜监视网络和海洋环境监视网络，以及综合声呐、侦察声呐、探测声呐、噪声测距声呐、拖曳阵列声呐、磁感应量测等设备。例如：

- 在采用被动探测方式进行水下空间的预警探测时，在对目标稳定跟踪后可获得目标的方位信息。

- 在采用侦察方式或利用侦察声呐进行水下空间的预警探测时，可获得目标的方位、载频、脉冲宽度和重复周期等信息。
- 在采用噪声测距声呐进行水下空间的预警探测时，可获得目标距离和方位等信息。

4.2.2 海战场空间的态势控制

战场态势是由兵力、兵器在作战时间、作战空间中的部署和运动形成的。在物质、运动、时间、空间的范畴内，作战各方关注的战场态势，是围绕作战任务、作战空间的属性类型，与作战空间的范围、控制半径[2]之间的动态关系变化的。在海战场空间管理中，对抗双方通过指挥、控制影响战场态势变化的相关时空因素，从而控制目标战场，使得战场态势有利于我，而不利于敌。在海洋、陆地、空中、太空、电磁、心理、网络等空间，对海战场空间的态势控制就是争夺制空权、制天权、制电磁权、制海权、制陆权，以及争夺对心理空间和网络空间的控制，换句话说，就是对战场态势的塑造或重新塑造。

通过将空间部署、时间运筹与力量因素（兵力/兵器）相结合，可形成有利于我方的战场态势：

- 空间部署和力量因素（兵力/兵器）相结合，可使力量因素（兵力/兵器）进一步得到增强。例如，在太空部署的侦察卫星与空中作战飞机相结合，夺取制空权。
- 时间运筹和力量因素（兵力/兵器）相结合，可转化为态势上的优势。例如，通过导弹的协同打击、饱和攻击，夺取制海权。

2 在海战场空间管理中，控制半径是关键参数之一。控制半径是指作战空间中武器系统最大的作用范围、传感器系统最大的探测范围、作战系统任务范围中的最小值所对应的范围尺度。

因此，应确立全域时空观，把握物质、运动、时间、空间的辨证关系，可以空间换时间、以时间换空间、以空间换空间。

- 以空间换时间：例如，在同一时间段的不同空间展开行动——全纵深同时攻击、全谱作战，夺取战场控制权；通过改变平台部署，进行隐蔽目标的快速定位、跟踪打击。
- 以时间换空间：快速打击力量和快速数据链拥有更快的反应速度、更快的攻击节奏、更短的行动压缩时间，可以快制慢、以敏制钝。
- 以空间换空间：即以优势空间换取劣质空间（太空优于空中，高空优于低空，空中优于海面和地面），可在合适的时间和情况下进行空间变换。

通过对作战空间的控制、对作战兵力和火力的控制，形成在整个作战空间的综合性优势：在作战时间上，可控制作战速度和作战节奏。

值得注意的是，现代战争往往在多维空间同时或相继进行，多军（兵）种、多平台以作战群[3] 的形式，在海洋、陆地、空中、太空、电磁、心理及网络等空间开辟多个空间战场，因此各个空间战场是彼此关联、互相交织、互相掩护的。例如，海面空间战场往往与水下空间战场、太空空间战场互相协同，各种兵力、兵器在不同的战场空间联合作战。在某一空间形成优势，不能称为掌握了战场控制权，只有在多维空间形成了整体的优势，才能认为是掌握了战场控制权。在争夺战场控制权的过程中，卫星数据链和网络发挥着巨大的作用。毫无疑问，空中、太空、电磁等空间战场的控制权具有重要价值。

1．海面空间战场的态势控制

在海面空间战场，作战兵力（或作战群）通常以编队的组织形式出现，通过联合其他兵力/兵器控制整个战场（不排除单个海上联合作战平台采取的

3 通常根据各兵力单元在行动过程中形成的空间状态，以及在任务、行动性质上的互相关系来确定。

隐蔽突袭、伏击或游击战，可将这种情况视为一种特殊形式的编队）。在海面空间战场的态势控制过程中，有三个概念需要注意：视距边界、打击边界和有效边界。边界是一个逻辑概念，表示某种“作用”从开始起作用到不再起作用的范围[4]。以边界为限，就存在某种“作用”的输入、输出和反馈。

- 视距边界：视距边界是编队预警探测系统所能观察到对方的最远距离。
- 打击边界：打击边界是编队火力所能覆盖的最远距离。
- 有效边界：视距边界和打击边界之中的较小者称为有效打击边界，简称有效边界。例如，在视距边界大于打击边界的情况下，有效边界就是打击边界。

对我方而言，海面空间战场的态势控制就是我方处于可以有效发现并打击敌方的状态，而敌方处于不能有效发现或打击我方的状态。这里的状态分为两种：编队的状态和编队自身的状态。

- 编队的状态：通常由三个要素确定，即敌我双方编队的空间距离、方位和海战场环境。
- 编队自身的状态：编队自身的状态是指编队的组成和队形能够使编队内各平台有效协同、最大限度地发挥作用、最大限度地隐蔽自身动机或位置的状态，通常由 4 个要素决定，即队形、协同能力、火力配置情况、传感器配置情况。

（1）制敌机动

编队自身的状态是随着编队之间的状态变化而动态变化的。例如，通过队形调整、火力配置、战术机动（不仅包括空间位置上的机动，还包括其他

4 一般情况下，海上编队是指舰艇编队（含舰载机），不但涉及空中空间、太空空间，还涉及电磁空间。因此，对边界而言，除了涉及对几何空间的控制，还涉及对电磁频谱的控制。

形式的某种变动，如电子佯动）等方法，使战场态势有利于我而不利于敌，这一过程被称为制敌机动。

如果把编队作为一个整体，那么海面空间战场的态势控制就变成了编队根据态势评估和威胁判断的结果。如何充分利用海战场环境，控制敌我双方编队之间的距离和方向，使得我方编队处于可以对敌方编队实施有效打击的空间位置，或者处于敌方编队不能对我方编队实施有效打击的空间位置，保持有利的战场态势或使战场态势向有利于我方转化呢？有效打击的情况有两种：

- 一，我方编队能够打击敌方编队，同时敌方编队不能有效防御。
- 二，敌方编队不能打击我方编队，或者虽能打击我方编队，但不能对我方编队构成有效威胁。

在实际作战过程中，虽然可能存在同时满足这两种情况的空间，但在大多数情况下，因受制于编队系统和各种保障条件，很难找到一个既能对敌方编队实施有效打击，又能避免遭受敌方编队打击的空间。因此，上述问题的解决办法就是在具体情况和任务之间进行某种策略性的权衡。

（2）控制边界

在海面空间战场，假设敌我双方的视距边界和打击边界都是全向分布的，以敌方编队分布中心为球心，以敌方有效边界 R_1 和我方有效边界 R_2 为半径绘制两个同心半球面（注意，没有画出水下空间战场）。将海上联合作战的空间 U 分成三个区域[5]，即危险区 D、攻击区 A 和远离攻击区 F，并且有

$$U = D \cup A \cup F$$

危险区 D、攻击区 A 对应的球面分别被称为危险边界和可攻边界。当编队位于不同的区域时，就形成了不同的态势。

根据我方编队是否拥有对敌方编队实施有效打击的主动权，可将我方对

5 谭安胜，汪德虎，邱延鹏. 驱逐舰编队对海攻击态势分析与火力运用[J]. 军事运筹与系统工程，2004，18(2)：66-69.

战场控制的态势分为以下三种情况。

- 态势 1：$R_1>R_2$，$A\cap D=\Phi$，即我方编队的攻击区 A 位于危险区 D 之外，此时我方编队可有效打击敌方编队、控制战场，而敌方编队对我方编队不构成威胁。这种态势是我方编队拥有对敌方编队实施有效打击的主动权，如图 4.1 所示。

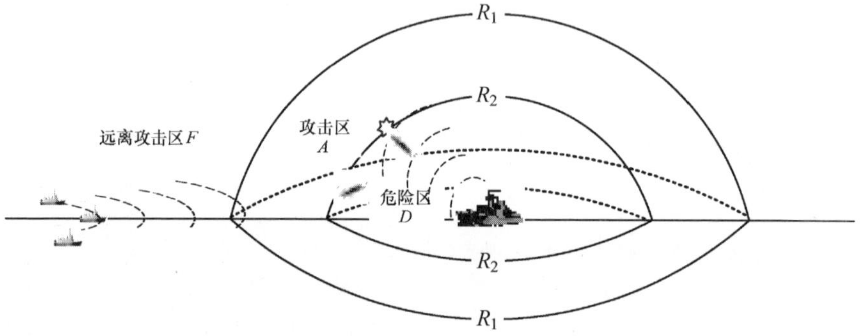

图 4.1　我方编队拥有对敌方编队实施有效打击的主动权

- 态势 2：$R_1<R_2$，$A\cap D=A$，即我方编队的攻击区 A 位于危险区 D 之内，此时敌方编队可有效打击我方编队、控制战场，而我方编队在进入攻击区 A 之前已进入敌方控制的危险区 D。这种态势是敌方编队拥有对我方编队实施有效打击的主动权，如图 4.2 所示。

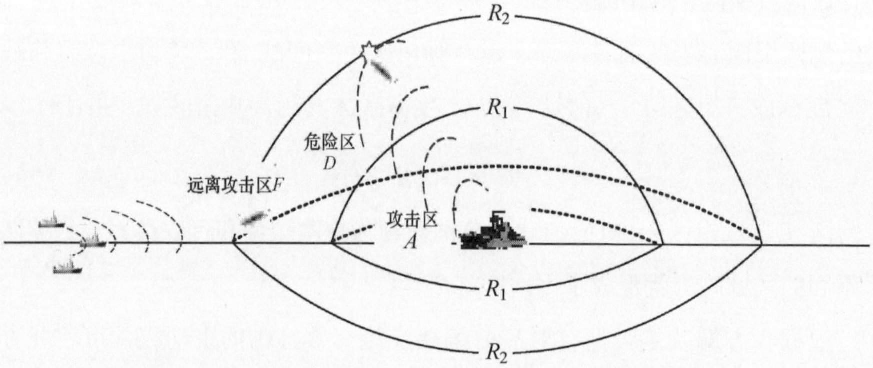

图 4.2　敌方编队拥有对我方编队实施有效打击的主动权

- 态势 3：$R_1=R_2$，$A\cap D=A=D$，即我方编队的攻击区 A 和危险区 D 重叠，危险边界和可攻边界重叠，此时我方编队和敌方编队均没有控制战场。这种态势是我方编队和敌方编队均未拥有实施有效打击的主动权，如图 4.3 所示。

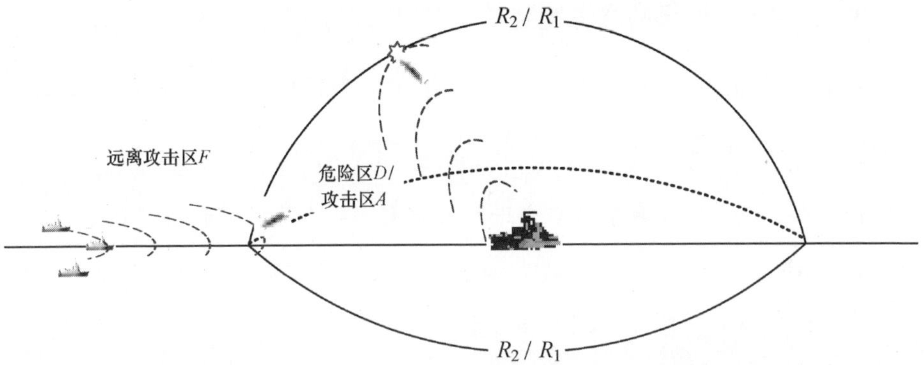

图 4.3　我方编队和敌方编队均未拥有实施有效打击的主动权

2. 水下空间战场的态势控制

与海面空间战场的多目标、多批次、多方向、高速度、大纵深，以及空中、陆地等立体交战环境相比，水下空间战场的态势控制相对简单，即使在敌方协同反潜或联合反潜的作战环境下，目标总数也相对较少，态势变化和对抗速度相对缓慢。

水下空间战场的作战主体是各类潜艇。由于海水环境的特殊性（如隐蔽性），因此相对于海面战场，潜艇不仅开拓了一个全新的水下空间战场，而且在某种程度上一直掌握着水下空间战场的控制权。潜艇在水下隐蔽航行时，不易被除水下探测器以外的其他探测设备发现，在潜艇具备远程数据通信系统的情况下，潜艇可获得海面、陆地，甚至空中目标的信息，很容易从远距离提前发射鱼雷或导弹对目标进行攻击。尽管潜艇在水下空间战场中的优势明显，但是水下空间战场也具有一些特殊性：

- 一是潜艇的视距边界一般大于舰艇的视距边界。
- 二是由于通信困难和隐蔽性要求，导致潜艇水下作战的经典方式是单艇隐蔽攻击。

3. 太空空间战场的态势控制

对太空空间战场的态势控制主要体现为对空间轨道资源、空间信息资源等的控制，例如：

- 在作战时确保我方可自由进入太空空间并占据所需的空间轨道。
- 我方可自由采用各种方式和手段对敌方的空中、海洋和陆地的目标实施侦察、监视、跟踪和打击。
- 我方可自由进行空-天、空-海、空-地的通信。
- 我方可限制或阻止敌方进入太空空间，并占据有利的空间轨道，阻止敌方获取类似于我方的能力。

太空空间战场的态势控制与制天权密切相关。太空空间战场的态势控制方式包括：

- 对敌方的航天基地、测控网络进行控制和打击。
- 对太空轨道进行封锁和占位，包括攻击敌方的航天器和卫星。
- 对空间信息进行封锁。

4.2.3 海战场空间的态势控制方法

通过上面的分析可知，海战场空间管理实际上就是利用大数据对获取的空间进行海战场态势的空间管理，涉及预警探测、战场通信、态势认知和共享、指挥与控制、精确打击等各个层面/时间/空间的组织、运筹和控制，以及各环节的时空关联、转换与匹配等。

对多平台联合作战而言，当将侦察监视网、指挥与控制网和火力打击网中数量众多的网络节点联合起来，对目标进行侦察、监视、跟踪和打击时，海战场空间的态势控制方法可分为空间控制、时间控制、战场时空控制和实体关系控制等。

1. 空间控制

在海战场，对空间控制的手段和方式主要包括：

- 扩大我方的视距边界，缩短敌方的视距边界和有效边界。例如，破坏敌方网络，通过保障兵力或协同兵力打击敌方的预警平台、引导平台，利用空间变形和电磁波遮断的方式及隐身技术缩短被发现的距离，进行低空突防；我方充分运用卫星、预警机、无人机等高空和远程预警平台建立海上联合作战网络，利用超视距的气象条件扩大视距边界。
- 袭击敌方的远程火力打击平台或远程火力引导平台，缩短敌方的有效边界。
- 控制敌方的频谱，对敌方的电磁信号进行干扰、压制、迷惑、诱骗。
- 掌握网络空间战场、心理空间战场的主动权。

2. 时间控制

海上联合作战十分重视作战速度、作战节奏对作战行动及战场态势的影响。海上联合作战主张快节奏作战，各实体的作战活动可在同一时间内并行，可共享、互通作战视图，自下而上实现同步，在对方 PCSE 环内完成作战活动或打乱对方的 PCSE 环，以速度优势换取空间优势，夺取战场的主动权。

海战场空间管理通过时间控制可实现如下目标：

- 提高作战速度。
- 加快作战节奏。

3. 战场时空控制

战场时空控制既包括对空间的控制，又包括对时间的控制。例如，并行作战可在所有的空间战场，对敌方赖以生存的体系运行环境要素进行同时、快速、沉重的打击，从而达到期望的效果。

4. 实体关系控制

实体关系控制是指针对不同关系和关系属性，选择与任务相关的目标进行控制。例如：

- 敌方防空系统的运行与电力系统的运行密切相关，若要摧毁敌方的防空系统，可选择其电力系统作为打击目标。
- 打击敌方的指挥与控制中心或关键节点，使得敌方的视距边界、火力边界优势因互相分裂而变得不能发挥作用。
- 干扰或破坏敌方的导航定位系统，扰乱敌方行动，破坏部署的时空一致性和有效性，使得敌方的视距边界、火力边界优势不能发挥作用。
- 打击敌方的通信系统，割裂敌方战场的连通性或完整性，破坏敌方战场内的协同性和不同战场的联合性。

4.3 海战场资源管理

从某种意义上讲，作战是对战场资源进行组织和管理的过程。海上联合作战通常包括非常复杂的系统和过程，涉及广泛的战场资源，以及情报、信息和数据。海战场资源管理需要做到“需求实时可知，资源可视掌握”：围绕作战目标进行战场资源管理，监控作战过程；对目标、数据库、支持保障条件等进行动态管理和协调，通过调整信息的管理过程达成具体的使命目标，包括传感器调配、武器分配与协同、后勤保障支持、作战信息管理、数据库管理、文电管理、频谱管理等。

海战场资源管理是以知识和资源业务管理为核心的战场综合管理。其体系层面是以实时战场管理系统的形式存在的，主要功能包括：

- 一是维持用于海上行动的各个系统、平台、装备的正常运行。
- 二是支持多域联合作战，内含作战区域划分、区域传感器协调、频谱管理、作战空间协调、武器装备与人员调度、平台和云际信息协调、平台指挥、目标管理、过程管理等。

常见的海战场资源包括各种平台资源（种类、数量、比例）、装备技术资源、后勤保障资源等，涉及资源调配、兵力指挥与协调、行动规划、网络与电磁对抗、目标导引、空–地/空–海协同等多个方面。例如，在伊拉克战争期间，美军向海湾地区调运各类物资共计约 40 000 个集装箱。为了方便快捷、精确地投递、分发和管理资源，美军先后为 400 多处物流设施安装了射频标签的读/写设备和自动化运输信息系统（PTC-AIMS），即为集装箱加装了数字化电子标签。

由此可见，海战场资源管理的实质是大数据管理。通过进行海战场资源管理可描述各种信息，进行认知和共享理解，在管理中实现增值。其过程主要包括信息和数据收集、信息和数据整理、对运行进行管理、对过程进行优化控制。尽管对于不同的管理和决策目标（如指挥与控制、引导、后勤补给），这个过程有不同的形式和内容，但是所强调的重点都是在合适的时间生成具有所需内容和质量的合适信息，以满足任务需要。

海战场资源管理的内容包括以下几个方面。

1. 调配、选用传感器和通信装备

调配、选用适当类型的传感器和通信装备，适应运行模式和时间统一性，为多个区域的战场监视和指挥与控制提供有价值的信息，以满足海上联合作战的使命、任务需求，根据作战指挥的优先级，为任务覆盖范围内的用户分配传感器和通信装备。

2. 分配武器

分配武器是指根据海上联合作战的使命、任务分配适合的武器。武器可分为硬杀伤武器、软杀伤武器、多用武器等。

- 硬杀伤武器：包括舰炮、导弹、鱼雷、水雷、深弹、火箭弹、激光炮等。
- 软杀伤武器：包括电子对抗装备、声波发生器、水炮、炫目激光器等。
- 多用武器：包括水下战斗蛙人、水面轻小型快艇、小型无人机等。

3. 分配平台

分配平台用于诸如各类舰船、直升机、战斗机、运输机、小艇等的分配。

4. 统筹后勤

统筹后勤用于诸如作战平台、作战人员、作战武器、后勤保障装备、通信导航设备等的工作统筹。

为了提高自动化程度和智能化管理水平，海战场资源管理大多基于由数据库辅助决策支持的系统，具有信息和资源分类整理、战场数据实时显示、综合分析和演绎等功能。该系统的体系结构可分为分布式和集中式两大类。例如，自动作战管理辅助工具集就是一种典型的分布式战场资源管理系统，主要关注信息的种类、来源、属性，以及评估信息的质量，可通过多媒体和相应的人机接口对系统进行监控。目前的难点在于如何对信息、数据的一致性和完整性进行管理与同步控制。

4.4　云火力控制

由于网络技术的发展，单平台已被多平台取代，独立武器系统作战已被多武器系统协同和联合作战取代。与单平台相比，多平台的软杀伤武器、硬杀伤武器统一使用，需要对其战术性能、使用特点及互相影响进行分析，并分配不同的武器系统打击不同的目标，使得多种武器系统在打击目标时能够达到最佳协同。从互联网栅格发展起来的云是继大型机集中计算、PC 分散计算之后，以互联网为载体的信息计算、存储和应用模式。在互联网的早期，美军提出了网络中心战的作战思想。随着云时代的到来，在火力控制领域，日本率先提出云射击的概念。这是云在火力控制中应用的开端。

战术计算通常是指对传感器数据的处理，以便为分散的作战人员提供及时、所需的态势信息，以及在交战期间向不同单元和武器系统提供精确、及时的分发指令和火力控制数据。在网络环境下，战术云计算主要是指利用云计算技术支持本地化、短期有效信息的访问和处理，具有弹性、敏捷、数据融合、资源共享等优势。现代高技术局部战争表明，通过网络和数据链协同多平台和多武器作战，充分利用各种信息、数据是提高攻防能力的关键。

4.4.1 云火力控制概念

1. 网络化火力控制

在海上联合作战中，火力控制的最终目标是应用作战火力控制信息流，将物质流及相应的能量流导向目标，实现打击目标作战的目的。目标在不同的空域、时域往往以不同的方式出现，如隐藏的舰艇、突然而至的导弹、无形的电磁波等。由于目标的类型和运动状态不同，威胁性质和大小也就各不相同，战术组合也具有多样性，因此对位于不同物理空域、时域和频域的目标，需要将同平台和不同平台的不同功能、不同性能和不同特长的武器链接起来，适当集成，构成可互相替代、互相加强、互相补充，能随时、随地、随机控制发射的“魔幻”火力，从而进行联合抗击和协同打击。由于火力控制以网络为纽带通过云计算构建可变幻的火力网，故该火力网又被形象地称为网火。由于打击目标的终极目的是实现战场控制，因此网火的作用是控制战场（不一定非要摧毁目标）。

目前，火力控制已在单平台火力控制、多平台火力控制的基础上建立起以网络为中心、以全源信息融合为基础的“四网”（基础信息网、态势感知网、指挥与控制网、火力打击网）一体的网络火力控制体系，可在正确的时间使用正确的武器打击正确的目标，在避免遗漏目标的同时也避免了各个武器平台同时对其作用范围内的同一个目标进行重复打击。通过战场中各作战单元的网络化、信息协同，将信息优势转化成了作战优势。在这一过程中，主要应用的技术包括高动态自组网通信技术、协同感知多元数据融合技术、群体智能决策与协同控制技术，以及快速任务规划与分配技术等。

由此可知，网络化火力控制是指在专用火力控制和通用火力控制的基础上，综合使用多平台的探测信息和情报，互相支援、互相补充，共同构成协同跟踪打击网，可完成对所分配的同平台或不同平台，以及同类型或不同类型的软杀伤武器、硬杀伤武器的协同控制，对发射出去的弹药进行导引，同时（或依次）打击、干扰或诱骗空中、海上、水下和陆地的目标。网络化火力控制按照作战任务可分为区域防空火力控制、立体反潜火力控制、联合制海火力控制和联合对陆火力控制，用于对空/海/岸导弹发射的控制和导引、鱼雷射击的控制和导引、舰炮深弹的综合控制、软杀伤武器的发射和控制、有/无人舰载机的控制和导引等。

2. 协同火力控制

协同火力控制是由一个控制台控制多个武器系统，协同打击目标的火力控制。在多维海上空间，美国海军从 20 世纪 70 年代开始就提出协同作战能力（CEC）系统的概念，此后进行了多次试验。例如，利用 CEC 系统进行超视距导引和末端照射，成功实现了标准-2 舰空弹在视距外拦截掠海目标的目的。试验表明，借助海洋、陆地、空中等不同平台的作战优势及武器的协同控制，可扩大海上编队的探测和打击范围，高效应对突然的、全方位的饱和攻击。CEC 系统的出现是海上编队防空作战的一次革命，显著提高了海上编队防空作战的能力。其关键环节是各节点形成时空一致的、具有火力控制质量的合成航迹和识别信息，可在舰艇之间、舰艇与空中、岸基平台之间进行信息通信，共享统一的合成航迹和识别信息。

在 CEC 系统的基础上，协同火力控制系统放弃集中式、紧耦合体系对各作战节点的控制机制和约束力，经由实时移动网络和分布式体系，实现对跨平台的多种信息资源的综合处理及对多种类型武器的灵活调控。海上跨平台的协同火力控制系统示意图如图 4.4 所示[6]。

6 王海川. 舰艇火控系统的现状与发展设想[J]. 指挥控制与仿真，2007(1)：1-6.

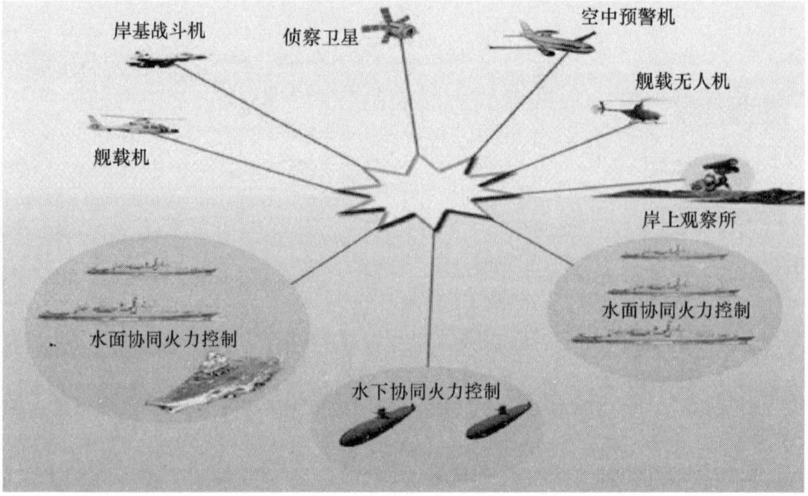

图 4.4　海上跨平台的协同火力控制系统示意图

3. 云火力控制

云火力控制由网络化火力控制和协同火力控制升级而来，包括云探测、云计算、云控制、云武器火力打击等。

4.4.2　云火力控制系统

由于云具有应用便捷、计算能力强、扩展性强、可用性强、按需订购、节约成本等优点。在火力控制领域，基于大数据、云计算构建多平台、多武器的云火力控制系统，可进行协同作战和多域联合作战，提高武器和平台的作战效能。

多平台、多武器的云火力控制系统，以虚拟化技术和分布式协同组网技术为基础，通过先进的信息技术和网络使能技术，把分散在各个作战群中的各类平台、通信系统及各种武器系统中的目标传感器、数据链集成为一个高度自适应的综合火力控制云。当舰炮、导弹、鱼雷、激光等制导或非制导武器系统执行攻击或防御作战任务时，可按照自身需求向云发出任务请求，云根据这些武器系统的请求按需或主动地推送相关的目标信息、飞行任务信息、航路信息等，并自动协调和控制多平台、多武器的协同打击，从而获取云火力控制的优化效果。通过云计算、云控制，可获得远超单一武器系统或综合武器系统在打击目标时所能获得的高精度和高可靠性的数据信息。

在云火力控制系统中，任何一个制导或非制导武器系统都不再属于某个单一平台，而是通过虚拟化的综合火力控制云按需进行实时控制，包括目标传感器网、联合作战指挥与控制中心、云计算中心、社会-技术互联网、各类武器及武器系统等。基于大数据、互联网的云火力控制系统的组成结构如图4.5所示。

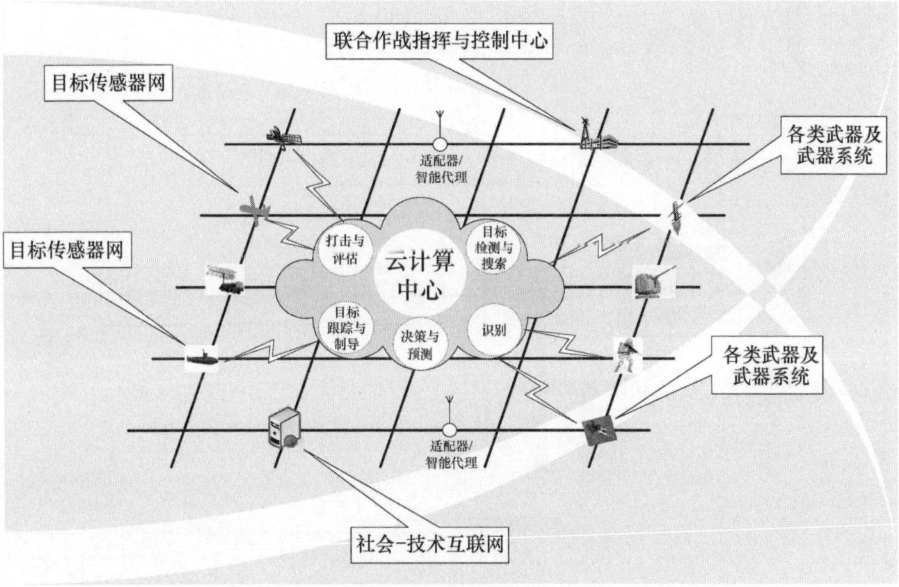

图4.5 基于大数据、互联网的云火力控制系统的组成结构

虚拟化技术和分布式协同组网技术是综合火力控制云的关键技术。

- 虚拟化技术：能够灵活地组织各种计算资源，隔离硬件体系结构及软件系统之间的紧密依赖和耦合关系，实现透明化的可伸缩计算系统架构，提高计算资源的使用效率，发挥计算资源的聚合效能。

- 分布式协同组网技术：将分布与协同组网技术结合起来，可为云用户提供共享资源、共享数据、高性能计算等服务，即分布式系统通过协同、并行解决问题的方式提供更高的计算性能、可用性和可靠性，防止因某些部件发生故障而引发系统崩溃。

4.4.3 云火力控制流程

基于大数据、互联网的云火力控制流程如图 4.6 所示。

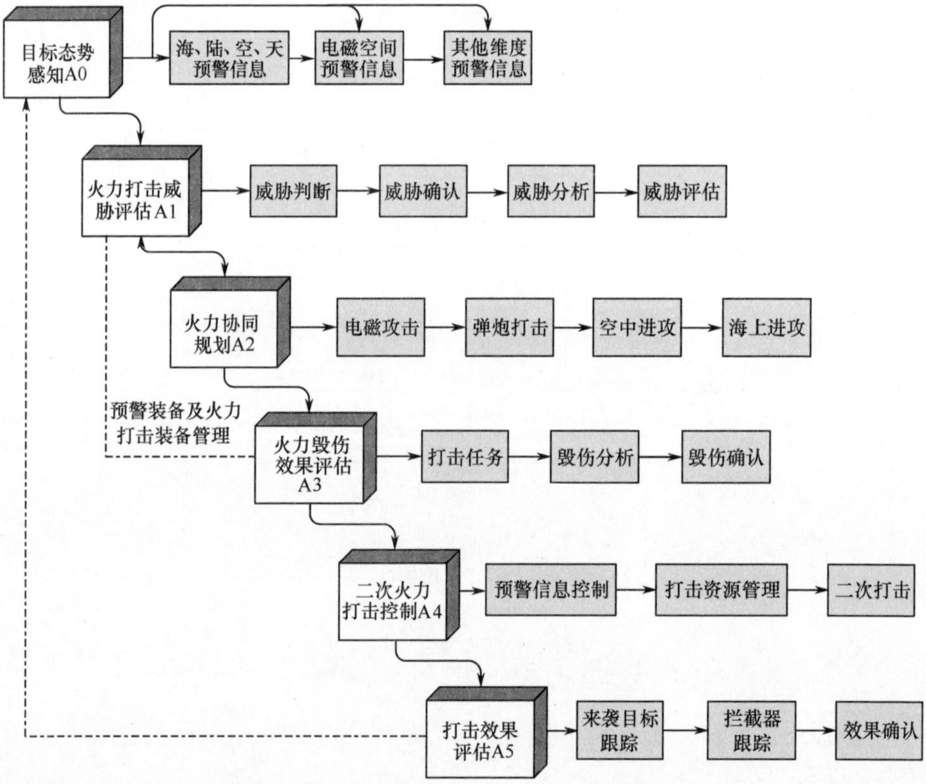

图 4.6 基于大数据、互联网的云火力控制流程

云火力控制流程的关键环节为武器链、目标识别、作战通道组织、多武器发射控制与导引。

1. 武器链

不同的武器装备具有不同的效能和功能，可打击不同的目标。不同的武器互相衔接，通过云火力控制信息的共享、武器射程的搭配与火力转接，以及通过共架、共用等形式，互相补充或彼此加强。因共同的作战目标或使命链接在一起形成的一个武器集群，被称为武器链。

下面将对武器链的“常见成员”——舰炮、导弹、鱼雷、深弹、水炮、强光发生器、定向噪声发生器进行介绍。

(1) 舰炮

舰炮是装备最早、历史最为悠久的舰载弹道式武器，承担着对海作战、对空作战和对岸支援的重要作用。其种类很多，通常按口径大小可分为三类：大口径舰炮、中口径舰炮和小口径舰炮。舰炮在发射后按照惯性飞行，中途一般不能变更弹道，依靠直接命中目标或在目标附近爆炸来毁伤目标。由于舰炮的射程有限，因此其反舰角色逐渐淡化，转向担任防空反导的末端防御（通过精度、高射速、未来空域窗体制构筑的最后一道防线）、对岸火力支援及一些特种作战任务。目前，舰炮的研制趋势是 30mm 速射炮、76mm 中口径舰炮和 130mm 大口径舰炮。其他口径的舰炮已逐渐被淘汰。

(2) 导弹

导弹是一种随着制导等现代技术的发展而产生的远程精确打击武器，具有射程远、精度高、威力大等优点。目前，导弹已成为海上联合作战的主力军，种类繁多，射程从几十千米到上万千米不等。

导弹按弹道性质可分为弹道导弹（BM）和巡航导弹（CM）两大类，由于可选择水面舰艇、潜艇、飞机、岸基移动平台或固定平台进行发射，因此导弹又有舰载型、机载型、车载型、陆基型之分。

对舰载型导弹而言，按照使命的不同，可分为 4 种：舰舰导弹、舰（潜）空导弹、对地攻击巡航导弹和反辐射导弹。按照发射方式的不同，可分为 3 种：垂直发射导弹、旋转发射导弹和箱式倾斜发射导弹。按照制导模式的不同，可分为 4 种：自主式制导导弹、遥控式制导导弹、主动/半主动制导导弹、GPS 定位制导导弹。

尽管不同导弹的制导模式会有所不同，但是大多采用多种制导模式复合使用的方式，以提高精确制导能力和抗干扰能力。其飞行弹道一般分为初始段、中段和末段。在飞行的过程中，有的导弹（如对陆攻击巡航导弹）可进行航路规划，有的导弹可在末端有超低空突防、水平机动（包括蛇行机动和比例导引）、跃升俯冲等多种攻击方式。

（3）鱼雷

鱼雷是在第一次世界大战前后出现、在第二次世界大战后发展起来的具有动力装置和制导装置的水中武器，可从空中、水面和水下发射。随着技术的发展，目前鱼雷已具有较远的航程，能深度航行，并且能在方向和深度两个平面自导，因而成为重要的反潜、反舰和反鱼雷的武器。此外，也可运用鱼雷来执行一些特殊任务，如水中爆破等。

鱼雷的种类较多，按照制导模式的不同，可分为 4 类：直航鱼雷、声自导鱼雷、线导鱼雷和尾流自导鱼雷。按照投射方式的不同，可分为 2 类：管装发射鱼雷和火箭助飞鱼雷。按照发射方式的不同，可分为 2 类：单射鱼雷和齐射鱼雷。

不同类型的鱼雷及鱼雷运动的不同阶段，其运动弹道都各不相同。

（4）深弹

传统的深弹主要用来反潜、防雷。其空中弹道和火力控制算法均类似于舰炮，虽然具有打击速度快、不受海域限制等优点，但是射程较短、落点散布也大。目前，各国正在研究如何挖掘深弹潜能、提高深弹性能，使深弹能应用于更多领域的方法，包括增大射程，以及集束式、分导式的子母弹等，重点开发深弹的系统破障、反水雷、水幕反导等多种功能。深弹还可以用来反蛙人。

（5）水炮

水炮是一种近距离发射的非致命性武器，依靠定向发射水柱迫使被攻击的人员规避或撤离，主要用于非战争性军事行动和反海盗行动中。

（6）强光发生器

强光发生器主要用于发生在夜晚的非战争性军事行动和反海盗行动中。

（7）定向噪声发生器

定向噪声发生器通过发出高频刺耳的噪声，对目标实施警告和驱离，主要用于非战争性军事行动和反海盗行动中。

2. 目标识别

目标识别既是战场态势评估和威胁判断的基础，也是海上联合作战和精确打击的一个至关重要的前提，特别是在目标密集的环境中及在获得目标状态信息的同时，还要进行目标身份的识别。目前，主要通过技术手段，辅之以战术手段进行目标识别，即通过对信号、图像、量测物理量等进行特征分析和模式识别，并结合战术手段和已有知识来有效判别目标类型和敌我属性。目标识别的技术手段主要有两种：

- 一是通过电子侦察（如敌我识别器等）进行识别。
- 二是通过光电成像及其他手段获取有关目标的特征数据，并与相应数据库中的数据进行比对。

目标识别的内容主要包括 3 个方面：敌我识别、目标类间识别、目标类型识别。

- 敌我识别是指对战场上目标的敌我属性识别。值得一提的是，由于潜艇在水下作战时环境复杂、敌我识别能力有限，因此主要依靠指挥与控制系统的敌情通报进行识别。也就是说，一般情况下，敌方的其他兵力不会部署在其潜艇活动的海区，以免造成误判、误伤。据此可以推断，没有敌方兵力活动的区域可能是敌方潜艇活动的区域。这也是模糊推理在潜艇攻击决策中的一个应用。
- 目标类间识别是指判别目标是水上目标、水面目标，还是水下目标。目标类间识别虽然相对容易，但会因目标的特征相似而发生误判，如快艇和超低空飞行的直升机。
- 目标类型识别是在目标类间识别的基础上进一步判断目标的具体类别，例如，已判断出目标是敌方的水面舰艇，则需要进一步研究、判断目标是驱逐舰还是导弹快艇等。相对而言，目标类型识别的难度较大，需要借助人的经验、战术背景及相应的敌情通报。

由于作战环境的复杂性，以及欺骗、干扰的广泛存在，各种探测目标的信息大多不完整，具有模糊性和不确定性，这将直接影响目标识别的可靠性和精细程度，因此需要采用多种传感器、多种方法相结合的手段进行目标识别。海上联合作战的指挥与控制系统通过监控信息的收集过程、完善数据的收集渠道，以便在恰当的时间选择恰当的传感器，对目标采取正确的措施，实现及早发现目标、提高航迹质量、提高目标跟踪与识别可靠性，以及通过累积的证据进行战术推断的目的。

在进行目标识别时，需要对传感器及传感器所在平台等资源进行有效规划和管理，以便充分发挥传感器的性能，获取所需的情报信息。

在目标运动特性（目标速度和位置）的基础上，作战系统利用多平台、多源探测器进行联合探测与识别，依据不同信源得到的目标属性数据形成一个组合的目标身份说明，即把重点放在特征数据的管理上，以便确定目标的身份。这一过程需要用到所有相关信息（包括情报系统、融合中心、公共资源的数据），并且需要筛选、组合或融合这些信息，即采用信息冗余、资源共享、相应的组合识别规则进行系统识别，综合判断目标的属性。例如，根据警戒探测设备提供的目标速度确定来袭目标可能是导弹；根据电子侦察设备提供的电磁特征进一步确定来袭导弹的类型和具体型号，即利用多传感器的信息对目标的属性、类型和类别进行综合识别，并对目标的性质、参数进行融合。

在识别原理上，有专家针对不同目标在结构、材料、辐射原理等方面的特征差异，以及不同目标的征候和特征，基于目标特征数据库，提出了模糊模式识别的方法，如模糊 Bayes 推理、D-S 证据推理、BP 神经网络（前向网+反向传播学习算法）等。不管采用哪种方法进行目标识别，都需要采集大量样本来构造识别系统，并对识别系统进行训练。

3. 作战通道组织

随着目标数量和武器数量的增多，多平台、多武器的目标分配方式呈现指数级增长。如果允许武器系统自主决定攻击哪些目标，则可能出现多个平台的武器系统攻击同一个目标的情况，造成作战资源的浪费，或者出现所有的武器系统都去攻击一些重要目标，另一些威胁目标却没有被拦截的情况。随着已有目标被摧毁、攻击意图改变、新目标出现，战场态势处于不断变化之中，已经做出的武器分配策略也要随之改变。

在海上联合作战中，作战通道组织是指对跨平台武器、传感器资源进行优化控制，包括跨平台武器和传感器资源的分配与协同、目标指示及任务规划等，涉及整个交战过程。除了分配武器和传感器，作战通道组织还要考虑总的战场资源利用率，合理分配传感器的跟踪时机、制导时机、发射数量、发射时机等。这一过程需要重点研究“目标-武器”的最佳匹配或有效匹配问题，使得武器能够打击选定目标的概率最大，并且所用武器资源最少。在算法上，这是一个多参数、多约束的非确定性问题。例如，哪些火力打击哪些目标、打击的先后顺序和方法等，涉及任务对资源的选择与分配、攻击决策与可攻性分析等不同的方面，以及兵力协同、火力协同和信息协同等不同的层次。这些非确定性问题有多种解决方法，例如，神经网络法、遗传算法、蚁群算法、模拟退火算法等。

4. 多武器发射控制与导引

多武器发射控制与导引用于根据目标威胁、目标与环境特性，实时或近实时接收/传送数据，对多个同类、不同类平台或跨平台的武器发射进行控制、导引与协调，可接收、处理不同系统间的传感器实时数据。由于不同武器的命中概率和精度要求不同，因此常常需要一个作战平台联合另一个作战平台进行多平台的探测和武器发射，实现从相同或不同平台发射多种武器，进行协同打击的目的。

例如，在跨平台（平台 A、平台 B、平台 C）的武器发射过程中，平台

C 虽处于攻击目标的最佳位置，但无法快速获取目标的位置信息和运动参数，平台 A 和平台 B 虽处于对目标可打击的位置，但未装备合适的打击武器，或者可打击的武器已耗尽，此时跨平台控制发射就是一种快速、准确打击对敌目标的有效途径：平台 A 向平台 B 提供目标的航迹数据；由平台 B 对目标进行跟踪；由平台 A 对平台 C 上要发射的武器进行火力控制计算，求取相应的射击诸元（射击诸元或导引诸元既可由发射武器的平台提供，也可由其他发现并跟踪目标的平台提供），最后由平台 C 完成发射，并对发射出的武器进行中继制导或引导。由此可知，通过多武器发射控制与导引，平台 C 上的武器成了平台 A、平台 B 的一部分，是平台 A、平台 B 上武器的延伸。

在海上警戒探测系统的支持下，通过执行多武器发射控制与导引，可令各平台互相支援、密切配合（外层使用舰空导弹，中间层使用电子对抗，内层使用近程防御系统），构成远/中/近、高/中/低的多层次防空反导体系，在时域、空域和频域上协调多平台或单平台的软杀伤武器、硬杀伤武器的交战时刻表，以最佳的武器配对取得最优的结果，充分发挥软杀伤武器、硬杀伤武器的实际效果，防止软杀伤武器、硬杀伤武器饱和。

多武器发射控制与导引的主要内容如下。

- 发射器优选：发射器优选用于挑选以行动为中心的“武器–目标”最优组合，即以最合适的交战态势（几何图形）和作战决心，从一组协同作战的兵力中挑选出最合适的武器去拦截目标。
- 对干扰进行控制，避免不利的交互作用，保证对目标的探测和跟踪：为了保证对威胁目标进行充分搜索，应使警戒探测雷达与电子侦察设备在时域、空域、频域上实时协调；为了保证电子干扰设备不干扰跟踪雷达，应使跟踪雷达与电子干扰设备在时域、空域、频域上实时协调，在跟踪雷达接收目标指示、开始捕获目标时，令有干扰的有源电子干扰设备停止工作或分频工作，以便不影响雷达等探测设备工作。

- 使用雷达跟踪系统跟踪数据，控制干扰弹的发射。
- 通过火力控制滤波数据，评估干扰弹的干扰效果：使用电子侦察告警设备提供反舰导弹末制导雷达的工作信息，及时评估硬杀伤武器（特别是舰空导弹）的毁伤效果。
- 通过电子侦察等设备提供的目标信息对目标类型进行识别。
- 防止电磁互相干扰：必须严格控制软杀伤武器的使用，如箔条的设置不正确，会使导弹穿过箔条云攻击舰船，或者在跟踪箔条云的途中转向舰船；各种电子干扰设备和舰外诱饵可能会令舰载电子侦察系统和跟踪雷达失灵，还可能被我方传感器接收而被认为是新的威胁。
- 通过电子侦察等设备提供的目标信号幅度信息，制订对抗措施。例如，箔条已功地诱骗导弹，就不需要其他对抗措施了。反之，应立即采取相应的对抗措施。

4.5 小数据精确火力打击

从火力打击意义的角度看，武器系统及时接收目标的信息流、选择并准确打击目标，是一个小数据精确火力打击的概念。海上联合作战以同步和并行的方式使整个交战链加速运行。小数据精确火力打击依靠综合火力控制云，实现了云控制下的“目标-毁伤”打击链，能自动根据威胁判断来协同打击目标，实现制导、非制导弹药集群协同打击的优化效果，具有快捷、灵活、扩展性强等优点，是网络中心战理念在火力控制领域的具体实现。

1. 精确火力打击的概念

精确火力打击既是一个战术概念，又是一个战略概念。精确火力打击中的“精确”包括两方面含义：

- 准确选择关键目标或找出敌人的弱点。
- 精确打击目标，包括任务规划、兵力/兵器选择和使用、战场态势和打击效果评估等。例如，精确定位、精准识别、精确引导（兵力引导和火力引导）、适时攻击，以及准确、及时的评估。

随着信息技术和制导技术的发展，当精确的目标和精确火力打击有机结合在一起时，就会产生一种战术上的精确火力打击行动。当战术上的精确火力打击行动在正确的时间、空间出现，并击中正确的目标时，就会产生战役或战略上的震慑效果。外科手术式打击就是有力的证明。

2. 基于大数据的小数据精确火力打击流程

基于大数据的小数据精确火力打击是指通过云火力控制来导引多平台、多武器系统的制导和非制导弹药进行协同云火力打击。与基于单平台、单武器系统的火力控制打击相比，小数据精确火力打击提供了更精确的火力控制图（FCP），大幅改善了传统火力控制效果和导引能力。基于 IaaS 和 SaaS 应用，以及虚拟化传感器网络和交战网络，综合火力控制云可以很容易地分配、再分配计算资源池和存储资源池，具有强大的目标感知能力、计算存储能力和高可靠性等显著优势。

基于大数据的小数据精确火力打击流程如图 4.7 所示。

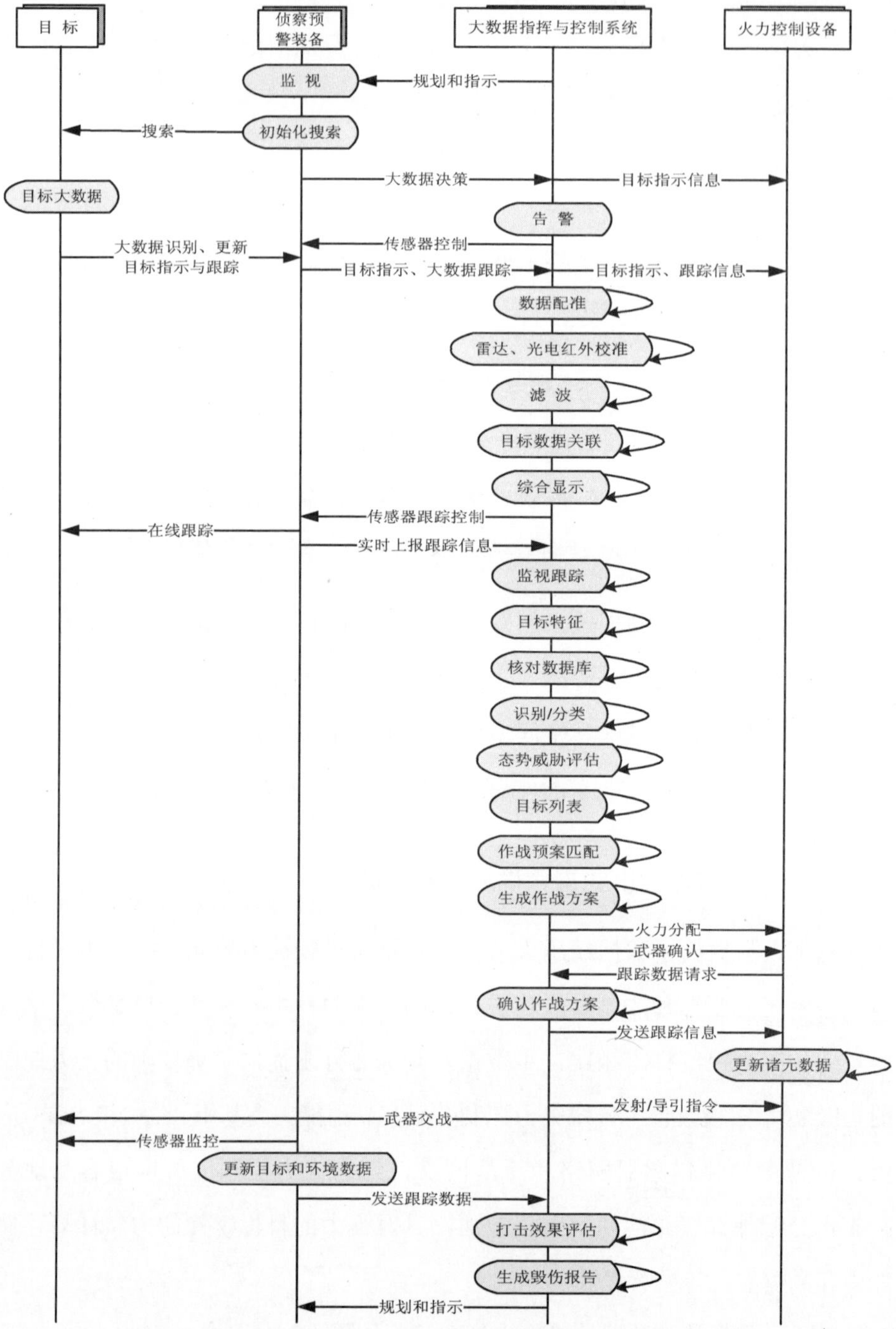

图 4.7　基于大数据的小数据精确火力打击流程

4.6　战场评估

战场评估是下一步行动的决策依据。战场评估基于各种情报、侦察和监视数据。根据评估范围的不同，战场评估可分为战略评估、战术评估、个别评估、全面评估、重点评估等。根据评估技术和方法的不同，战场评估可分为在线实时评估、线下非实时评估、直接评估、间接评估等。

1．战略评估

战略评估是从战略的角度，根据相关大数据来评估战略行动、打击达成的战略效果或后果。

2．战术评估

战术评估是从战术的角度，对某种武器系统打击目标的效能进行评估，或者对某种武器系统毁伤目标程度的效果进行评估。

3．个别评估

个别评估是针对战场行动的某个方面（如防空、对陆、通信、后勤等）进行的评估，或者是针对某个要素（如某种武器系统的毁伤目标）的效果进行的评估。

4．全面评估

全面评估是对涉及作战行动的所有相关方面和因素进行的一种综合、全面的评估。

5. 重点评估

重点评估是利用大数据对战场行动的重要方面（如反潜）或重点要素（如信息战）实施的评估。

6. 在线实时评估和线下非实时评估

根据大数据的实时性和评估需求，可实施在线实时评估和线下非实时评估。例如，在对敌进行干扰或发射导弹、鱼雷后，需要对软杀伤武器、硬杀伤武器的打击效果进行实时评估，及时了解目标的毁伤程度，以便决定是否继续打击。

对于软杀伤武器，可以通过获取目标位置和机动信息对交战效果进行在线实时评估。例如，在敌方的反舰导弹制导的引导头开机后，逐渐偏离我方被打击平台而指向干扰云或红外诱饵时，可认为干扰有效，此时可视情况放弃或使用硬杀伤武器进行拦截，尽量减少弹药消耗。

在作战过程中，武器发射平台的“弹药”消耗情况，以及软杀伤武器、硬杀伤武器的交战评估结果，将通过战场数据分发系统实时发送给联合作战平台。联合作战平台的协同控制模块据此更新协同作战方案，对未击毁的目标再次进行打击，或者分配新的打击目标。

7. 直接评估

直接评估是直接通过肉眼、雷达、光电、无人机等观察打击前后目标的形态、结构等的变化而进行的目标毁伤程度评估。例如，通过目标信号是否消失进行评估；通过光学装置直接观察进行评估。

8. 间接评估

间接评估是通过分析打击前后目标的行为变化、战场态势变化等进行的评估。

第 5 章 基于大数据的海上应急救援指挥与控制

自有人类海洋活动以来，就有了各种海上灾变事故。例如，1912 年，“泰坦尼克”号邮轮遭遇海上冰山沉没，造成 1517 人遇难，震惊了全世界；1967 年，一艘利比亚籍油轮“托雷·卡尼翁”号装载 12 万吨原油从波斯湾启航前往美国的米尔福港，在航行到英吉利海峡时触礁搁浅，导致大量原油溢漏，造成大面积的油污带；2000 年，俄罗斯的大型核潜艇“库尔斯克”号在参加演习时意外失事，艇员全部遇难……已经发生的、可能再次发生的海上灾变事故造成了大量的人员伤亡、巨额财产损失，污染了海洋环境，可能严重影响世界经济的发展和社会稳定。

基于大数据的海上应急救援是在公共安全和国家海洋大数据集中和整合的基础上，通过挖掘、预测和评估相关大数据的方式，提供安全预警、应急救援预案及可实施的应急救援方案。尽管目前大数据在海上应急救援领域的应用仍处于初级阶段，但随着大数据技术的发展，以及大数据在海上应急救援行动中不断凸显的巨大优势，世界各国，特别是海洋大国都将瞄准海上应急救援的服务需求，积极研究大数据在海上应急救援活动中的内容，探讨基于大数据的海上应急救援指挥与控制机制。

我国既是海洋大国，又是世界航运大国。在发展海洋经济、实施国家海洋战略、维护世界海洋安全与稳定的过程中，我国必须巩固和发展海上应急救援的指挥与控制技术。同时，我国也是国际海事组织 A 类理事国，必须履行相关国际公约，承担国际义务。

由于在执行海上应急救援行动时需要在第一时间掌握海洋情况、相关海域状况，所以需要各相关机构和国际组织通力合作，构建基于海洋大数据的应急救援基础设施。例如，美国海军与圣地亚哥州立大学合作，使用 Google 公司的大数据、云计算技术构建 InRelief.org 平台，用于实现在发生海上灾变时各相关机构的实时交互。该平台对于提升国际组织、非政府组织、政府组织和军队之间的信息共享水平具有重要意义。

由于在海上应急救援行动中需要应用大量的高新技术和相关系统（例如，海事卫星、海洋监视卫星、遥感卫星、通信导航卫星、地理信息系统等），因此应设置海上应急救援的数据中心、组织机构，从而进行救援预案准备。

本章将从海上应急救援的内容和特点、能力需求、大数据保障、指挥与控制机构、指挥与控制流程、指挥与控制网络、指挥与控制系统组成等多个方面对海上应急救援的指挥与控制进行介绍。

5.1 海上应急救援的内容和特点

5.1.1 海上应急救援的内容

海上的各类事故、灾害或事件具有突发性、复杂性和迅速变化性。“泰坦尼克”号邮轮遭遇冰山沉没、俄罗斯的“库尔斯克”号核潜艇突然失事都是如此。海上应急救援基于大数据技术，以预警、防范为基础，融合公共安全大数据、国家海洋大数据和国际海事信息大数据，以及新闻媒体和互联网上的国际政治、经济、安全等相关信息和数据，对海上各类人工建造物、过往船舶、飞机、海上作业平台的数据进行实时采集和有效整合，提供关联规则分析、时序分析、聚类分析、数据挖掘等大数据服务，提供构建预测预警、方案预定、效果评估等不同层次和方面的服务和指导。其主要内容包括以下几个方面。

1. 确定海上灾变及其性质

当海上灾变发生时，一般有两种发现形式：

- 一是现场人员在遇到海上灾变，如海盗袭击或沉船事故时，通过各种求救设备发出求救信号。常见的求救设备有 EPIRB 设备[1]、SOS 发生器等。
- 二是通过海洋监视卫星、海上巡逻船、岸基雷达、海上巡逻机等发现灾变。

无论通过哪种形式获得海上灾变信息，都需要在第一时间确定海上灾变是否发生、发生时间、发生地点、灾变的对象和灾变的性质等。

因产生原因的不同，海上灾变可分为人为灾难、自然灾难和混合灾难；因损害程度的不同，海上灾变可分为一级灾难、二级灾难和二级以下灾难。

2. 制订应急救援预案

最好的海上应急救援是避免海上灾变的发生，即事先通过大数据分析进行预警。

在发生海上灾变时，海上应急救援行动应能做到预先准备（预先根据历

1 EPIRB 设备，即紧急无线示位标（Emergency Position Indicating Radio Beacon），用于在紧急情况下对救助人员进行定位。

史数据和现实情况，针对各类海上灾变制订应急救援预案）、及早发现、快速行动：

- 在第一时间分析事故情况、事故性质、发生地点、发生原因。
- 在第一时间形成一致的现场状况图。
- 依据应急救援预案行动（包括救援路线、救援手段、救援装备），估计救援所需时间。

制订应急救援预案主要需要进行如下分析与规划。

- 空间环境分析：随着高新技术的快速发展，特别是在 GPS、RS、先进传感器平台及智能系统的支持下，可实现海洋环境信息的查询与分析、海洋环境信息和海洋活动的敏感特征参数提取、航行路径分析、可探测区域分析、空间距离量算、面积（体积）量算等，为数据化、智能化的行动决策提供数据支撑。
- 战略和战术层次的智能任务规划：根据海上应急救援的特点进行战略和战术层次的智能任务规划。例如，应急救援的基地规划、基础设施管理、管理区规划、联合行动的任务规划、行动方案支持规划、特种行动支持规划、救援效果评估、应急准备规划、应急救援目标分析等。
- 战术层次的智能化行动管理：根据海上应急救援的特点进行战术层次的智能化行动管理。例如，应急救援模拟、救援现场监测、行动管理、区域战区规划、航行计划、导航管理与控制、救援平台规划与配置、救援行动的战术制订、后勤保障规划、救援行动的过程分析与效能评估等。
- 进行航行路径规划，提供求援信息服务：包括抵近航行路径、搜索航行路径、优化机动/行动方案、识别精细目标、优化航行路径等，为联合应急救援提供不同层次和粒度的 COP/CTP 支持和多媒体专题信息服务。

3. 管理救援现场

由于在海上应急救援行动中涉及的人员、物资、装备、保障、后勤等情况十分复杂，因此管理救援现场既需要临场决策，也需要多因素、动态统筹规划，包括多个行动管理和搜救资源调配等。

4. 风险规避与效果评估

由于海上灾变的种类多样、多种风险并存，稍有不慎或处置不当，就有可能造成灾变扩大或引发其他灾变，因此应根据大数据分析对风险进行有效管控和规避，实时评估各种应急救援方法和手段的效果。

5.1.2　海上应急救援的特点

海上应急救援具有搜索范围广、发现难、打捞难、救援难的问题。例如：

- 2013 年 9 月 29 日，第 21 号台风“蝴蝶”在我国南海中部生成，多艘渔船在西沙珊瑚岛海域避风时遇险，3 艘渔船先后沉没，74 人下落不明。接警后，中国南海搜救中心、广东和海南地方政府，以及周边海警、渔政、边防部队等多方力量参与紧急救援，先后出动船只 34 艘，飞机 10 架，搜救海面达 11 000 平方千米，搜索空域达 18 000 平方千米。

- 2014 年 3 月 8 日，从吉隆坡飞往北京的马航 MH370 航班在马来西亚与越南空域交界处与地面控制塔失去联系。随后，马来西亚、越南、中国、美国、澳大利亚、印度尼西亚、新加坡等先后紧急派出舰船和飞机在航班飞机失联海域进行大范围海上搜救[2]。据新华网报道，截至 2015 年 1 月底，有 25 个国家派出 65 架飞机和 95 艘舰船参与了 MH370 航班的搜寻与救援工作。

海上应急救援既是一种典型的非战争性军事指挥与控制行动，也是一种对专业性、技术性要求极高的行动。其主要特点如下。

1. 时效性

海上灾变发展迅猛，救援力量需要在有限的时间内及时赶到事发地点，快速进行处理。例如，对失事人员的搜救，对火灾、核灾的处置等都需要在极短的时间内完成。

2. 技术性

在执行海上应急救援的过程中，对于技术的要求很高，特别是对于核事故、水下事故的救援，需要具有专业的技术、装备、手段，甚至需要特殊的技能。

3. 军事性

在执行海上应急救援的过程中，对于一些重大灾变，或者具有高度机密性的灾变（如核潜艇事故、海上军机事故等），通常需要军方力量积极参与应急救援。

---

2 2015 年 7 月 29 日，在南印度洋的法属留尼汪岛发现飞机残骸，经鉴定该残骸属于马航 MH370 航班客机。至此，确定 MH370 在南印度洋坠毁。

4. 系统性

在执行海上应急救援的过程中：多种力量参与救援，组织、协调的任务重；参与的各类舰船、飞机、平台和设备多，需要互相配合，形成统一的整体；救援方案经常受到天气变化、报知通信、搜索定位、航行距离等因素的影响。海上应急救援的程序复杂、难度大、系统性强。

5.2 海上应急救援的能力需求

由于海上应急救援是在海上发生灾变时进行的紧急救援行动，因此对于海上应急救援行动具有如下要求：

- 情报准确、信息精确、目标明确、行动快速，即能够做到及时了解、快速反应、准确决策、统一调度、妥善处置、全程监控。
- 能够在第一时间快速、准确地掌握海上灾变的情况，掌握地点、事故性质，在黄金救援时间内采取有针对性的措施和行动。

海上应急救援的指挥与控制需要国际社会、相关国家互相衔接，军队、海警互相联动，形成以大数据为基础、以海上应急救援预案为依托、以应急救援能力为导向的知识化、智能化的海上应急救援机制。

针对海上突发性事故的性质，海上应急救援应具备多方面能力。例如，应急准备能力、监测与分析能力、预测与预警能力、指挥与控制能力、修复与评估能力等。

1. 应急准备能力

应急准备能力是指快速反应、快速部署、快速处置的能力。例如，准备物资/装备、完善法律/法规、准备救援预案及进行实战模拟训练。

2. 监测与分析能力

监测与分析能力是指实时接收、分析海洋情况的能力，并进行不间断的动态监测、实时跟踪事态变化、实时评估等。海洋情况包括海洋活动情况、海洋状况、各类飞行器和船舶的运行情况等。

3. 预测与预警能力

根据海洋活动的特点和近期海洋情况、历史数据、经验数据，对有关海域、水道、海峡进行预测和评估，对有关船舶、启航飞机、海洋活动进行提示和预警。

4. 指挥与控制能力

在发生海上灾变时，按照有关规定启动应急预案，迅速展开海上应急救援的指挥与控制工作：

- 有条不紊地组织、调度人员和物资。
- 协调海上、陆地、空中、太空的相关资源和机构。
- 开展专业处理工作和相关的配合工作。
- 根据反馈情况，及时调整处置措施，最大限度地实施救援和恢复工作。

5. 修复与评估能力

在执行海上应急救援时，应具有预先情报评估、伤害等级评估、行动过程评估、实施方法评估、风险评估、保障条件评估、完成时间评估等评估能力和修复能力。

5.3　海上应急救援的大数据保障

海上应急救援大数据是确定海上灾变发生、发展、性质和实施紧急救援的关键，包括 AIS 系统数据、海洋地理数据、海洋监视卫星数据、海洋磁场/声场的变化数据、通信数据、船舶/飞机的航行动力数据、相关设备的状态数据、地震/海啸的资料数据、GPS 数据、机场/港口的活动数据、相关人员的活动数据、网络数据、社会数据等。

具体来说，海上应急救援的大数据保障包括以下内容。

1. 海洋基础性数据保障

海洋基础性数据主要包括如下内容。

- 相关海域的地理环境、海洋空间、海峡、水道等数据。
- 相关海域的地质、地貌、气候、地震带分布、异常海域、气象、水文等数据。
- 相关海域的海底电缆管线分布，以及海上人工建造物的种类、数量与分布等数据。
- 相关海域的海岸线、岛礁、禁区、领海、海水温度、盐度、密度、声速、海流、潮汐、涡流、地质、地形、透明度、水色、水深分布等数据。
- 相关海域的云、雾、降水、湿度、台风等数据。

以地理空间位置为基准的地理信息系统（GIS）可以为海上应急救援的指

挥与控制行动提供多维、多尺度、多分辨率、多数据源、高精度的海洋基础性数据，以及精确的导航、制导与控制服务。

GIS 的数据来源于海上、陆地、空中、太空中的各种探测装置和遥感系统，主要包括：

- 天基的遥感卫星、海洋监视卫星及侦察卫星等。
- 空中的光电探测雷达、高分辨率成像装置、遥感装置、气体分析装置、气旋发生装置等，可搭载在有人侦察飞机、无人侦察飞机、飞艇中。
- 岸基的高频天波雷达、高频地波雷达、微波超视距雷达、激光探测雷达、光学扫描装置、成像装置、无线电信号探测装置、高空气象探测装置气象、水文地质探测装置。
- 海基的物理传感器、生化传感器、光电探测器、水听器等，可搭载在测量船、浮标、潜标、潜艇（包括 UUV）、蛙人、沉底式海床基、接驳器中。

2. 应用产品信息保障

应用产品信息主要包括：

- 海洋水声环境信息。例如，声传播损失、海洋噪声与混响、声呐作用距离、特征尺度、跃层参数、会聚区参数。
- 水上航道及其周边环境。
- 水下航行的深度优化参数、磁力场、重力场。
- 受保护目标的位置、状态和特征信息。
- 安全航行的参数。

3. 历史数据与实时信息保障

历史数据与实时信息主要包括历史档案数据、经验情报数据、实时环境数据、网络数据（实时获取、动态更新）。

4. 社会情报、地缘政治、经济信息保障

社会情报、地缘政治、经济信息主要包括：

- 相关地区的社会情报。
- 国际政治情报和国际关系情报。
- 开展军演、护航、反恐等军事行动的信息。
- 开展海洋开发等社会、经济活动的信息。

5.4 海上应急救援的指挥与控制机构

海上应急救援的特点决定了海上应急救援需要一个统一、高效的指挥与控制机构。由于历史传统和国家体制的不同，因此世界各国的海上应急救援指挥与控制机构也有所不同。例如，美国的海上应急救援指挥与控制机构主要由国家搜救委员会和海岸警卫队两级体系组成。其成员包括美国的国防部、内政部、商业部、运输部、国土安全部、联邦通信委员会和国家航天航空局。海岸警卫队是具体实施救援的机构，负责依法在美国港口、海上航线、海岸、国际水域执行海上应急救援行动。其主要职责包括：

- 减少由海上运输、渔业和游艇相关活动造成的死亡、伤害和财产损失，保障海上安全。
- 运用海上力量，增强地区稳定。

- 拦截海上毒品、移民和走私活动，防止非法捕捞，打击违反联邦法律的海洋活动。
- 在便利海上运输和商务活动的同时，最大化地提供休闲娱乐水域。
- 减少和消除海上运输、渔业，以及相关游艇活动对环境和自然资源的破坏。
- 应他国要求前往他国海域执行应急救援行动。

日本的海上应急救援指挥与控制机构为海上保安厅，内设 5 个职能部门（总务部、装备技术部、警备救难部、海洋情报部、灯标部）及 11 个地方辖区保安部。其职责与美国海岸警卫队类似，主要负责海上治安管理、海上交通安全、海难救助、海洋环境保护、海上防灾及国际间的合作救援等。

我国的海上应急救援指挥与控制机构成立于 1973 年，时称“海上安全指挥部”。1989 年，国务院、中央军委以国函〔1989〕50 号文件批准在交通运输部组建中国海上搜救中心，同时撤销原海上安全指挥部，在沿海各省、市、自治区设立地方海上搜救中心。这种分散一体化的海上应急救援指挥与控制体制一直沿用至今。2005 年，由交通运输部（牵头单位）、公安部、农业农村部、国家卫健委、海关总署、民航局、安全监管总局、中国气象局、国家海洋局、总参谋部、民政部、工业和信息化部、海军、空军、武警部队共 15 个部门和单位组成国家海上应急救援联合指挥部。经国务院批准，国家海上应急救援联合指挥部际联席会议为我国海上应急救援的最高领导机构，负责统一组织、指挥和协调重大海上人命救助和船舶污染等的应急处置行动。

我国海上应急救援指挥与控制机构的组成结构如图 5.1 所示。

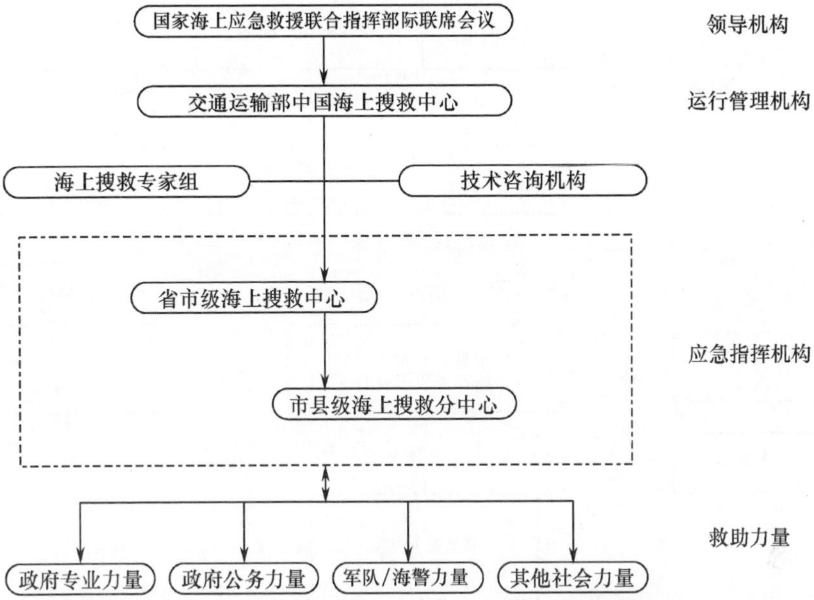

图 5.1　我国海上应急救援指挥与控制机构的组成结构

5.5　海上应急救援的指挥与控制流程

目前，海上应急救援指挥与控制中心主要包括岸基国家海上应急救援指挥中心、车载机动式指挥中心和船载机动式指挥中心。

- 岸基国家海上应急救援指挥中心：开展海上应急救援行动的主体单位，各国海上应急救援机构人员的工作单位，通常开设于各国的海事部门大楼内。
- 车载机动式指挥中心：由岸基国家海上应急救援指挥中心派出的分队/支队，负责就近协调、指挥应急救援的相关事务。
- 船载机动式指挥中心：部署于现场搜救船舶中，在现场直接开展海上搜救的指挥工作。

海上应急救援的指挥与控制流程如图 5.2 所示。

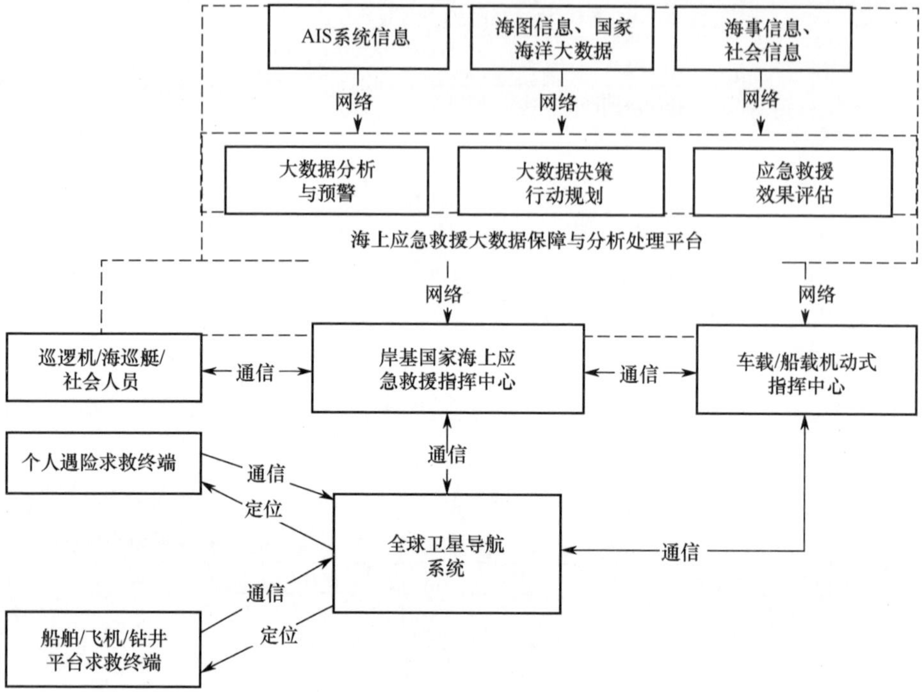

图 5.2　海上应急救援的指挥与控制流程

由图 5.2 可知：

- 船舶、飞机、钻井平台等通过求救终端（如 EPIRB 设备）自动发出求救信号。
- 海上遇险人员通过定制的个人遇险求救终端，以及烟雾信号、信号弹、反光镜，甚至丢弃衣物等方式主动发出求救信号。
- 巡逻机、海巡艇及社会人员在发现险情后及时向当地的海上应急救援中心报告险情。
- 岸基国家海上应急救援指挥中心可 24 小时接收 AIS 系统信息，实时接收海图信息、海洋数据，获取相关海域的海事信息、社会信息，实时进行大数据分析与预警。在获悉海洋险情时，岸基国家海上应急救援指挥中心迅速启动海上应急救援预案，进行大数据决策行动规划（包括搜救方案规划、搜救航行路径规划和支援保障规划等），开展基于海洋大数据的应急救援行动、应急救援行动推演和效果评估。

- 岸基国家海上应急救援指挥中心和全球卫星导航系统互相通信，确定事发海域，定位目标位置，指示就近海域的车载/船载机动式指挥中心前往事发海域，开展现场海上应急救援的指挥与控制行动。

5.6　海上应急救援的指挥与控制网络

在海上应急救援的指挥与控制过程中，能否在岸基国家海上应急救援指挥中心、车载机动式指挥中心、船载机动式指挥中心、船载求救终端、个人遇险求救终端、全球海事卫星系统之间开展可靠、通畅、敏捷和灵活的通信是海上应急救援行动顺利开展的关键。

由于实际的应急救援平台、岸基国家海上应急救援指挥中心、车载机动式指挥中心、船载机动式指挥中心、海洋监测卫星、海洋通信卫星、导航卫星可能相距遥远，因此，海上应急救援的指挥与控制机构要求各个救援实体共同构成海上应急救援云，强化从时间协同到空间融合的有机统一。这就要求能够进行跨越时空的及时通信，特别是在复杂的条件下，能够将所需数据及时分类，按需、高效地分发，尽可能预先为下一个决策提供所需数据。

海上应急救援的指挥与控制网络可提供及时的现场态势感知、高效的指挥与控制、精准的救援行动、实时的后勤保障等。其通信容量、通信周期、数据更新率、报文差错率和抗干扰能力，都比一般的网络高出若干数量级。

海上应急救援的指挥与控制网络示意图如图 5.3 所示。

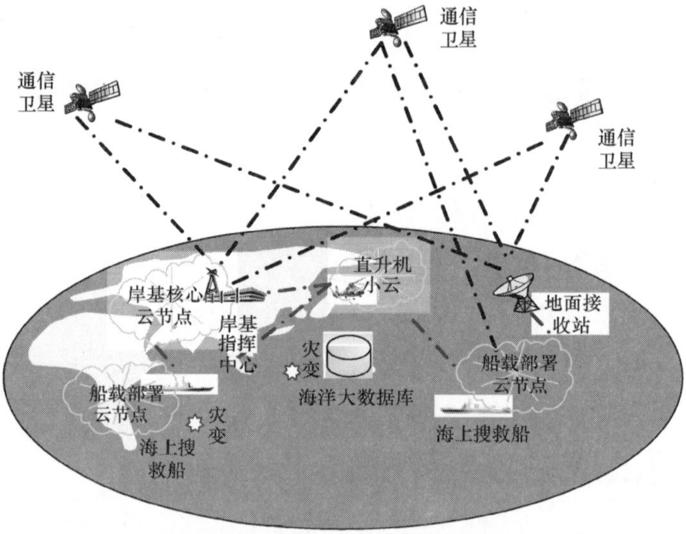

图 5.3　海上应急救援的指挥与控制网络示意图

由图 5.3 可知：

- 在通信方面，海上应急救援的指挥与控制网络可对行动实体或行动单元实时分发所需的关键数据和信息（包括行动实体或行动单元的位置信息、对灾变现场态势的监视信息等），产生实时救援态势信息和危险报警信息。对于二级及其以上的灾变事故，指挥与控制网络的数据传输率可达 10Mbit/s。对于二级以下的海上、陆地灾变事故，指挥与控制网络的数据传输率虽可适当降低，但需要具有语音通信功能和视频显示功能。
- 在导航方面，海上应急救援的指挥与控制网络能为行动实体或行动单元提供公共坐标系及精确的相对位置数据。当有两个或两个以上的行动实体或行动单元能够准确知道自己的位置时，便能对相对坐标系进行地理定位，以接力的方式传送准确的导航信息。
- 在识别方面，在指挥与控制网络的各成员之间交换位置数据和识别数据的同时，可完成网内成员的识别。

5.7　海上应急救援的指挥与控制系统组成

海上应急救援的指挥与控制系统组成如图 5.4 所示。

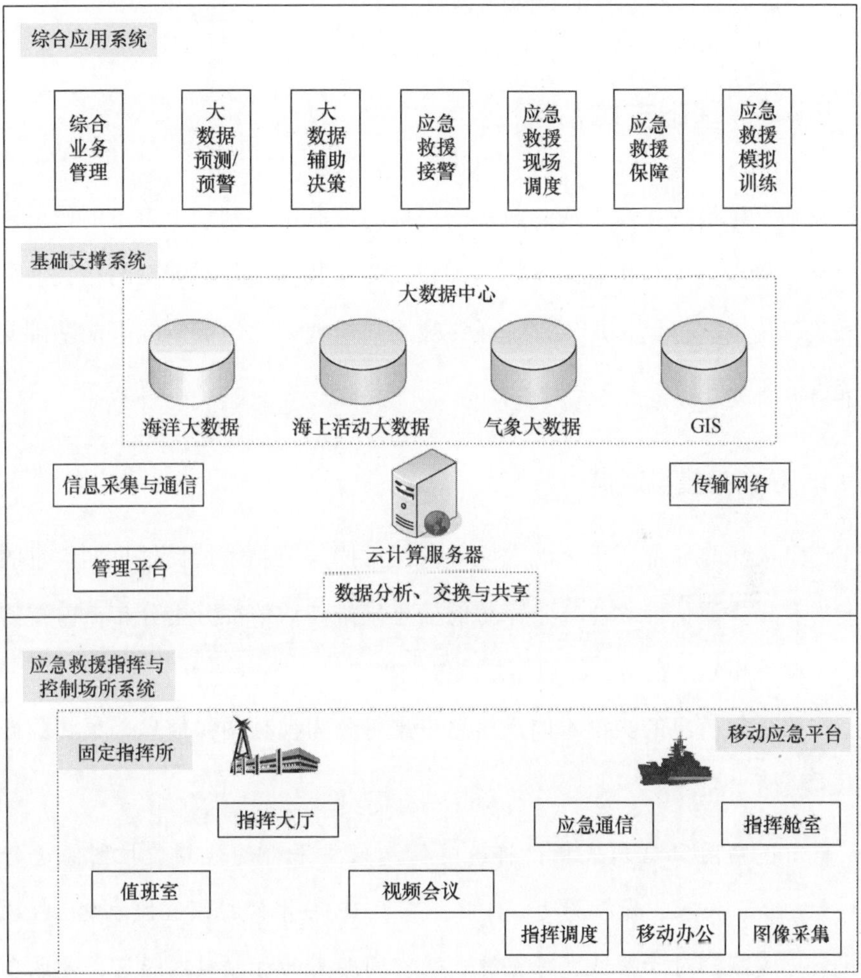

图 5.4　海上应急救援的指挥与控制系统组成

5.7.1 综合应用系统

综合应用系统是在基础支撑系统的基础上构建起来的平台，包括综合业务管理、大数据预测/预警、大数据辅助决策、应急救援接警、应急救援现场调度、应急救援保障及应急救援模拟演练等。

5.7.2 基础支撑系统

基础支撑系统在海上应急救援的指挥与控制中起到承上启下的作用，是海上应急救援指挥与控制系统的基础和核心。其作用是对灾变的相关信息进行采集、传输、存储、加工，并最终被用户所使用。一般情况下，基础支撑系统包括 5 部分。

1. 信息采集与通信

信息采集与通信用于为海上应急救援指挥与控制系统提供早期信息的汇集能力和指挥通信能力。一个完整的信息采集与通信部分由分布在前端的信息采集设备和分布在后台的通信系统终端构成。

按照采集信息的类型不同，信息采集可分为视频图像信息采集和数据库数据采集两大类。

- 视频图像信息采集：将各类信息采集平台的视频监控图像进行整合、接入、资源调度。目前，基于 IP 技术的视频监控方案已经比较成熟，对于跨域、跨系统、跨空间距离的视频接入而言，是最合适的解决方案：在前端，通过 IP 编码技术采集视频图像信息；在后端，通过 IP 解码技术呈现之前采集的视频图像信息；在中间，通过

IP 网络技术承载，IP 存储技术进行数据存放。整个系统监控方案的控制管理是基于 NGN 架构的。

- 数据库数据采集：数据库数据主要包括 GIS、气象云图、海图、船舶/人员的 GPS（或“北斗”系统）跟踪数据等。有些是结构化的数据，有些是半结构化、非结构化的数据。

根据数据的保密性不同，信息采集又可分为内网涉密数据采集和一般数据采集两类。

2．传输网络

传输网络部分是多冗余、高可靠的系统通信网络链路，包括抗毁性设计。传输网络部分主要包括高质量的有线网络、WiFi/WiMAX/3G/4G 等无线网络、紧急情况下的卫星通信系统及微波通信系统（微波通信系统是海上应急救援指挥与控制的主要通信手段）等。传输网络部分的主要作用：信息的汇集、横向信息的整合、信息的共享等。

3．大数据中心

由于应急救援决策均源于数据分析，应急救援预案均源于学习和经验积累，因此，大数据中心是最靠近决策中枢的环节，也是直接支撑上层软件应用的环节，更是海上应急救援指挥与控制系统的核心。

4．云计算服务器

在大数据中心之上是云计算服务器，负责后台数据的分析、交换与共享等。

5. 管理平台

管理平台部分的主要功能是为所有的应急救援业务提供设备管理、网络管理、业务管理（如通信、会议、图像、数据）、用户管理、资源管理等，具有持续优化、整合的特性，可令海上应急救援指挥与控制系统具有极强的易用性。同时，它作为基础支撑系统与综合应用系统的业务接口，可令综合应用系统的接口丰富。

5.7.3 应急救援指挥与控制场所系统

应急救援指挥与控制场所系统可分为固定指挥所和移动应急平台两部分。

1. 固定指挥所

固定指挥所是指挥与控制人员了解救援现场态势、进行决策，对人员、物资实施调度的办公和生活场所，可通过硬件和软件对日常工作进行支撑。

- 硬件支撑：应急救援指挥与控制场所系统依托网络系统实现有线、无线、卫星、微波等信号的接收，并通过大屏幕、数字会议、视频会议等将情况向指挥人员显示，用于完成大数据辅助决策和命令的下达与情况上报。
- 软件支撑：应急救援指挥与控制场所系统主要依托综合管理系统，在系统总线的控制下，对设备、软件等进行监控管理和用户管理，实现信息的快速收集、灾变快速评估、灾害动态评估、应急辅助决策、应急救援的指挥调度、信息发布等功能。

2. 移动应急平台

灾变事故现场只能通过移动应急平台来实现数据、语音和图像的传输。例如，通过 CDMA、GSM 等移动网络与集群通信；通过无线宽带网络和卫星来保证灾变事故现场与移动应急平台之间的通信。对于灾变事故的处置图像、应急救援预案、任务的下达、处置的结果等，都需要通过移动网络、卫星等传输到移动应急平台，并通过政务外网实现多部门共享。

第 6 章 未来趋势和发展对策

大数据是现阶段的时代特征，也是信息技术高速发展和广泛应用的产物。历史上，从来没有哪个时代像今天这样每天能够产生如此海量的数据。随着移动互联网的深入发展和非结构化数据的不断增多，基于大数据的跨界创新、融合和突破的规模呈现指数级增长。大数据所具有的区域间、行业间和企业部门间的穿透性，正在颠覆千百年来传统的、线性的、自上而下的精英决策模式，并在人类的行动、生产、生活中发挥越来越大的作用。如果说客观物理世界是数据的最初来源，那么大数据则是通过对组织内和组织外的数据整合，让人们能够更加清晰、精确地了解客观物理世界的特征和关系。

在指挥与控制领域，世界各国都在加紧布局。例如，21 世纪初，美国海外作战行动部门和美国国土安全部已开始聚焦于大数据中心、企业云服务及基础设施建设；2010 年 12 月，美国联邦政府发布《政府 IT 倡议》，希望联邦部门在部署新的 IT 系统时，优先采用大数据的云战略；2011 年，美国联邦政府发布了《联邦云计算战略》，明确要求联邦政府各部门通过大幅提高预算、优先采购相关装备的方式，加速向大数据、云计算、共享企业服务推进。

云计算集客观知识于云端，在不限制用户设备和位置的同时，可提供安全的、按需访问全球任何数据的能力。应用大数据战略的首要目标是通过基础设施重构，改善任务效能，提高网络空间和电磁空间安全，建立联合信息环境（JIE），逐步实现从当前重复、笨重、复杂、昂贵的应用程序，向统一、简洁、敏捷、高效的云战略转变。相信在不久的将来，CEO 们可能不再依赖于业务部门提出的建议，而是通过大数据决策系统来分析从各个角落传回的实时数据，制订走向胜利的决策。

6.1 未来趋势

1. 指挥与控制决策由大数据支配

随着大数据时代的到来，制数据权成为主要竞争领域。在海洋活动中，数据和认知将成为指挥与控制的主导力量。指挥与控制是资源、任务和过程的组合。在未来的指挥与控制中，人们将更多地应用和认知大数据，探寻联合作战的制胜机理。在目标识别与跟踪、态势感知与判断、多域体系作战的组织与筹划、平台控制与保障等方面，大数据将越来越占据支配地位。只要有足够多的高质量数据，则通过数据分析与学习，就可掌握对手的思维规律、感知战场态势的变化、洞察对手的行动计划等。目前，美国正在针对海洋活动推进大数据计划，云计算将成为海洋活动中 IT 项目的关键角色，并将大数据分析与预测作为海洋活动指挥与控制的核心要素。美国海军的下一代企业网、舰载一体化网络和企业服务项目都将使用大数据技术、云计算技术实现。

未来的海洋活动将是基于大数据指挥与控制的行动，未来的海上作战将是基于大数据指挥与控制的作战。

2. 大数据成为指挥与控制决策的主体

在冷兵器时代，战争的胜负取决于体能和经验；在热兵器时代，战争的胜负取决于机械效能和作战艺术；在信息时代，战争的胜负取决于信息分析和信息处理能力；在大数据时代，战争的胜负取决于数据和知识。

在连接各种实体、关系、行为的指挥与控制领域，数据的数量和质量、数据的深度分析和处理能力、由数据主导的决策能力，是决定作战行动和战场优势的关键和核心要素。也就是说，客观知识世界的大数据将成为指挥与控制领域的决策主体。例如，美国已将大数据提升为增强战争能力的主引擎。

3. 智能化指挥与控制

智能化作战是信息化作战的高级阶段。智能化指挥与控制对传统指挥与控制提出基于智能技术的主动分析、自主协同等要求，通过大数据、高性能计算和各种算法对指挥与控制的实体、关系、行为进行态势分析和融合学习，通过知识和算法的互相推动与促进赋予传统指挥与控制以智能。

对智能化指挥与控制的具体说明如下。

- 能够根据所处的作战环境进行威胁认知的自动分析。
- 能够根据专家知识和深度强化学习形成可供人工干预的决策、计划和对策。
- 能够进行智能指挥、快速推演，预估作战行动和作战结果，并在推演和评估的基础上形成智能化控制。
- 能够不断地加强学习，在环境中不断自我演化、完善。

智能化指挥与控制和大数据分析将逐渐取代过去的参谋、规划、推演。不仅如此，每个平台和作战人员都将配备智能移动终端。很多智能装备即将大面积应用，如智能飞行器、智能潜水器、智能雷达、智能无人水下扫雷具、智能无人艇、智能机器人战士等。

4．云作战

随着大数据技术和网络技术的发展，以及云所具有的分布、聚变、敏捷等优势，未来，海上、空中、太空和陆地中的各种行动将更多地以跨域、多维的云作战组织形式出现，包括各种战略云和战术云。这一过程还将产生云战略理论、云作战指挥理论、云交互和控制理论、云架构体系理论，以及各种功能和形态的“云簇”等。

5．从数据到决策工程化

几千年前的研究取决于经验。数百年前的研究取决于模型和假设。几十年前的研究取决于仿真。现阶段的研究取决于大数据。随着大数据不断融入人类活动的指挥与控制，逐渐形成从大数据中提取信息和知识、基于信息和知识进行自主决策的链条，即从数据到决策工程化。例如，近年来，美国国防部大量采用虚拟化技术和面向服务的体系结构，积极建设大数据、云计算的基础设施，构建企业云服务，并开始在各军（兵）种提供数据存储、数据分析和情报处理等服务。

6.2　发展对策

大数据所带来的信息风暴正在改变着人们的生活、工作和思维。在大数据时代，人们最大的转变就是放弃对因果关系的渴求，取而代之的是关注相关关系，并在相关关系中显示或突出因果关系。大数据的核心是预测和发现各种价值。大数据为现代指挥与控制的转型、发展提供了历史性的机遇，联合作战的制胜机理就蕴藏在全息大数据之中。基于大数据的海上指挥与控制是海洋活动指挥与控制的发展方向，也是未来海上智能化作战的必然要求。

作战云、云作战等新概念使得现代海上作战演变为利用数据作战，海上应急救援演变为利用数据行动。

1．健全管理机构

大数据指挥与控制由统一的管理机构负责大数据的规划、开发、使用与管理，可有效破解硬件、软件和作战数据建设相互割裂的局面，确保三者协调、一致的发展，消灭数据孤岛。根据海洋活动指挥体制的实际情况，可依托现行的信息化管理体制，自上而下地设置跨部门、跨军（兵）种的管理结构，建立统一的作战数据建设体系，弥补作战数据建设长期没有主管部门的短板。

2．构建大数据生态及云作战环境

在未来的海洋活动中，大数据及其网络将成为核心战斗力。在海洋活动中，大数据指挥与控制的关键在于通过大数据技术、云计算技术提升体系的战斗力和作战效能，研究大数据指挥与控制所需环境、条件及作战组织形式，构建大数据生态及其网络。

目前，主要海洋大国在海洋大数据建设过程中的实践表明，作战需求决定了作战数据的建设方向和建设目标。在明确建设方向和建设目标的情况下，所取得数据成果的实用性更强、可信度更高。在未来的智能时代，大数据通过对海量数据进行有针对性的分析，将赋予海洋活动更多的预测和可能。

（1）制定大数据的标准和规范

通过制定大数据的标准和规范来保障大数据具有完整、综合、全面、实时、动态、开放的特性，具体来说，即数据具有时空一致性、数据保持原始状态、数据完整、数据可读、数据可信、数据采用通用格式存储等，从而为各种大数据应用和服务提供安全、可靠、高速的开源数据，并确保数据在不同云服务商之间可迁移，实现大数据共享。

（2）将大数据中心、云计算中心作为公共基础资源建设和统筹的主体

通过引入并建立数据源索引、构建云生态环境来实现数据集合，可使大数据中心从传统的集中式布局走向新的分布式布局。云计算中心可用于提供动态、广域可伸缩的计算服务。通过采用区块链等先进的存储技术，以及一体化的数据备份、冗余和控制管理，可形成便捷、经济、安全、规模化的服务。例如，英国将在公共基础资源建设方面投入巨资，加强对大数据的采集、存储与分析；美国提出整合上千个数据中心的计划。

（3）积极研究海上作战云的形成机理及其组织形式

海上作战云是一种云生态环境，部署在海洋活动中，是大数据战术应用的基础平台。海上作战云可提供海量存储能力和运算能力，可快速创建应用程序，提供高性能的数据分析工具和安全的密集型网络服务。

（4）不断完善传感器网络

除了无所不在的商业网络和社会网络，在海上和空中，美国、日本等发达国家已着手创建传感器网络。传感器网络在作战空间的状态监控方面具有显著优势。传感器网络由分布于各个角落的传感器组成。通过传感器收集的数据被无线/有线网络迅速传输和汇集，最终形成知识的宝库。

3. 推行数据化训练和仿真

数据化训练和仿真是通过在训练和仿真中生成、采集、处理和利用作战数据来揭示联合作战的深层次规律的过程。数据化训练和仿真既是生成作战数据的丰富土壤，也是获得接近实战数据的最佳环境。只有切实推进训练过程数据化，才能从根本上摆脱作战数据缺乏的困境，即利用先进的数据挖掘

技术、人工智能技术及嵌入式/平行仿真技术，开发符合海洋活动数据标准、具备一定自主决策功能的指挥训练系统，促使“以经验为中心”的决策方式向“以数据为中心”的决策方式转变。

在推行数据化训练和仿真的过程中，作战行动的数据设计方和应用软件的研制方应加强对数据需求的沟通，建立长期有效的互动反馈机制：一方面，加强数据采集力度，丰富完善数据内容；另一方面，充分考虑并贴合作战应用需求，提高各方的参与度，准确把握需求，不断充实数据内容。

4. 建立大数据实验部队

考虑到海上联合作战的实际情况，当务之急是适当建立大数据实验部队，使其成为以数据为中心的前沿阵地和示范基地，努力探索新技术、新装备和新战法，为未来的联合作战向大数据战略过渡提供经验。

后　记

不同的时代存在不同的社会形态，也会存在不同的指挥与控制方式。

本书的写作构想源于在西宁举办的 2012 年火力与指挥控制学术年会。当年的会议主题是“信息时代的火力与指挥控制”，从那时起我就开始思考不断发展、演变的指挥与控制的概念、内涵和形式。其实从 1980 年世界著名未来学家阿尔文·托夫勒首次提出“大数据”一词开始，大数据时代就已经到来。大数据和指挥与控制有什么内在联系呢？在大数据时代，指挥与控制的组织结构和指挥体制将发生什么变化呢？大数据指挥与控制的本质、机制、模式是什么呢？海洋大数据有什么特点？如何利用海洋大数据达成指挥与控制的目的呢？这些都是大数据时代指挥与控制需要研究的问题。

实际上，我们所有人也是大数据的一部分。面对大数据，不管我们想与不想，大数据都将覆盖我们、找到我们。我们不得不开始与数据打交道。如何直接从大数据中找到知识和对策，而不是像过去那样从已有的理论、经验和规则中寻找答案，正是大数据的魅力所在。

随着国家海洋发展战略的明确提出，我选择将基于海上行动的大数据指挥与控制作为研究课题。对于我而言，这是一个复杂、有难度的课题。值得庆幸的是，随着思考的不断深入，我发现大数据蕴藏着巨大的科研价值、社会价值和经济价值，基于海上行动的大数据指挥与控制内容丰富，值得深入探讨与研究。本书正是这几年思考的一个成果。

我在学术研究的过程中，与许多师长、朋友和领导进行了形式广泛的交流和探讨，激荡出许多思想的火花。借此机会，我要特别感谢所有指导和帮助过我的学者、专家和领导，没有大家的关心、指导和帮助，本书是不可能出版的。

感谢军事科学院军事运筹分析研究所的老所长江敬灼将军、海军大连舰艇学院舰船指挥系副主任谭安胜教授、海军陆战学院作战指挥系的吴晓锋教授，他们对指挥与控制的深刻见解和直言鞭辟使我受益匪浅。

感谢空军指挥学院模拟训练中心的毕长剑将军、海军工程大学指挥与控制工程系的杨露菁教授、江苏自动化研究所的何佳洲研究员、江苏自动化研究所的袁富宇研究员、解放军理工大学指挥信息系统学院的裘杭萍教授对我的指导和帮助。

本书在写作后期，特别参考了江苏自动化研究所档案情报研究中心程赛先副主任撰写的情报研究报告《云计算及其在美军中的应用》。该报告为我提供了很多有关大数据在美军应用的最新材料和案例。在此表示衷心感谢！

高山仰止，景行行止。虽不能至，然向往之。

由于个人的水平和时间有限，书中肯定还存在许多不足、遗漏，乃至错误之处，敬请同行专家和读者批评指正。

胡志强

2020 年 9 月 16 日于黄海之滨

参 考 文 献

[1] Viktor Mayer-Schönberger，Kenneth Cukier. 大数据时代——生活、工作与思维的大变革[M]. 杭州：浙江人民出版社，2013.

[2] 秦继荣. 指挥与控制概论[M]. 北京：国防工业出版社，2009.

[3] David S. Alberts，等. 理解指挥与控制[M]. 北京：电子工业出版社，2009.

[4] 胡志强. 大数据时代的海上指挥与控制[M]. 北京：电子工业出版社，2016.

[5] 刘庆生. 基于云计算的军事信息系统架构研究[C]// 魏荣亮. 复杂海战场环境下指挥信息系统技术：2013 年（第三届）海军指挥信息系统技术交流会论文集. 长沙：国防科技大学出版社，2013：76-83.

[6] 胡志强. 信息化军事体系的边缘组织观[J]. 装备学院学报，2015，26(3)：98-104.

[7] 程龙军. 面向大数据的指挥决策系统模型研究[C]// 中国指挥与控制学会海上指挥控制专委会. 信息时代的指挥与控制：2014 年海上指挥控制和火力与指挥控制学术年会论文集. 北京：国防工业出版社，2014：99-103.

[8] Provost F，Fawcett T. Data Science and its Relationship to Big Data and Data-driven Decision Making[J]. Big Data，2013，1(1)：51-59.

[9] Yann L C，Bengio Y，Hinton G. Deep Learning[J]. Nature，2015，521(7553)：436-444.

[10] Power D J. Using ‘Big Data’ for Analytics and Decision Support[J]. Journal of Decision Systems，2014，23(2)：222-228.

[11] 中国船舶重工集团公司. 海军武器装备与海战场环境概论（上、中、下）[M]. 北京：海洋出版社，2007.

[12] 赵春雷，乔治・纳汉. “大数据”时代的计算机信息处理技术[J]. 世界科学，2012，1(2)：30-31.

[13] Committee on Network-Centric Naval Force Naval Research Council. 以网络为中心的美国海军——增强作

战能力的转变战略[M]. 北京：国防工业出版社，2008.

[14] 胡志强. 优势来自联合——关于海上联合作战及其系统实现的思考[M]. 北京：海洋出版社，2012.

[15] 张强，张宏军. 大数据：蕴含信息化战争深层机理[N]. 解放军报，2013-04-25.

[16] 汪圣利. 大数据时代指挥信息系统发展分析[J]. 现代雷达，2013，35(5)：1-5.

[17] Kevin D Foster，John J Shea，James Bret Michael，etc. Cloud Computing for Large-Scale Weapon Systems[J]. IEEE International Conference on Granular Computing，2010.

[18] 肖作林，秦枫，陆明胜. 一种“云”导弹协同打击系统的构想[J]. 飞航导弹，2013，1(7)：23-26.

[19] 胡志强. 基于“三个世界”理论的大数据指挥与控制本体论[J]. 指挥与控制学报，2015，1(2)：232-237.

[20] 胡晓峰，郭圣明，贺筱媛. 指挥信息系统的智能化挑战——“深绿”计划及 AlphaGo 带来的启示与思考[J]. 指挥信息系统与技术，2016，7(3)：1-7.

反侵权盗版声明

举报电话：（010）88254396；（010）88258888

传　　真：（010）88254397

E-mail：　dbqq@phei.com.cn

通信地址：北京市万寿路 173 信箱

　　　　　电子工业出版社总编办公室

邮　　编：100036